勤工助学与高校学生实践能力

QINGONG ZHUXUE YU
GAOXIAO XUESHENG
SHIJIAN NENGLI

时立荣　王安岩◎著

中央民族大学出版社
China Minzu University Press

图书在版编目（CIP）数据

勤工助学与高校学生实践能力 / 时立荣，王安岩著 . 北京：中央民族大学出版社，2025. 8. -- ISBN 978-7-5660-2532-6

Ⅰ. G649.22

中国国家版本馆 CIP 数据核字第 2025PN9534 号

勤工助学与高校学生实践能力

QINGONG ZHUXUE YU GAOXIAO XUESHENG SHIJIAN NENGLI

著　　者　时立荣　王安岩

策划编辑　赵秀琴

责任编辑　高明富

封面设计　舒刚卫

出版发行　中央民族大学出版社

北京市海淀区中关村南大街 27 号　　邮编：100081

电话：（010）68472815（发行部）　传真：（010）68933757（发行部）

（010）68932218（总编室）　（010）68932447（办公室）

经 销 者　全国各地新华书店

印 刷 厂　北京鑫宇图源印刷科技有限公司

开　　本　787×1092　1/16　印张：14.75

字　　数　219 千字

版　　次　2025 年 8 月第 1 版　2025 年 8 月第 1 次印刷

书　　号　ISBN 978-7-5660-2532-6

定　　价　73.00 元

序

众所周知，高校学生资助政策在世界各国的教育政策体系中都占有不可或缺的地位，它对学生完成学业、获得未来的发展具有基础保障作用。勤工助学是高校资助政策的重要形式之一，因其资助对象清晰、资助方式明确、资助来源稳定、刚需优先而成为高校资助体系中的一个稳定资助项目。我国高校学生的勤工助学资助工作经历了从勤工俭学到勤工助学的不同发展阶段，随着人们物质生活水平的不断提高，勤工助学的对象和功能也发生了较明显的变化。从早期仅针对特定经济困难家庭的学生到现在覆盖所有有需要的学生，勤工助学不仅满足了保障学费和生活费的经济需求，还满足了学生体验生活、锻炼工作能力、学习人际沟通、增强适应社会能力等发展的诸多需求。随着信息社会的到来，教育人力资本投资越来越成为发展型教育政策的核心内容。因此，发展型资助政策也成为"勤工助学"的实践方向。更进一步，由于强调能力提升，"勤工助学"也必然发生向"勤工促学"的育人功能转变，最终，"勤工促学"必然要满足未来"勤工助学"的更高层次需求。

在我国高校勤工助学资助政策的发展历史上，"勤工俭学""勤工助学"和"勤工促学"之间既有联系也有区别。在相同点上，三者都强调以学业为中心并通过个人劳动的方式获得工作报酬以支持学业；三者均是为完成学业通过个人劳动获得经济报酬的课外劳动行为，都包含着学业、个人劳动、报酬三个要素及其协调关系。在不同点上，虽然三者的核心目的没有改变，但在不同时期和不同的教育发展阶段，它们所强调的主题却有所变化，即三者内涵上变化不大，但外延上随着外部环境的变化，其支持形式和功能关系却发生了很大的变化。

从“勤工俭学”的最初情况看，勤工俭学呈现半工半读情形，它强调经济补贴学业所需开支，功能比较简单。勤工俭学者通过在校内外做短工、打零工、兼职等非正式工作方式获得报酬，尤其是在校外从事零工获得收入，用以支付学费和上学所需生活费。

“勤工助学”在我国的发展实际上分为三个小阶段。第一个阶段常常和勤工俭学概念混合使用，主要目标和方式上没有太大变化，但是突出劳动的教育功能，强调通过勤工俭学或勤工助学对学生进行劳动观教育，行动范围上开始偏向于做校内助理或需要学校同意学生参加一些校外劳动，在政策规定上还比较模糊，也不太完善，勤工助学的对象主要是贫困家庭学生。第二个阶段以1998年的《中华人民共和国高等教育法》出台为标志，在名称上统一采取了“勤工助学”一词，这一阶段呈现出政府是勤工助学岗位助学金最主要的资助主体的特点，勤工助学经费源于财政对教育的支出，助学岗位主要在高校内部，政府教育部门委托学校提供助研、助教、学生事务行政助理和图书整理等工作，学校也开始陆续成立勤工助学的专门管理部门。第三个阶段最大的变化是强调实践育人功能。如果说第一、第二阶段完成了由“勤工俭学”到“勤工助学”的过渡，那么第三个阶段则重视勤工助学对学生综合能力的培养，勤工助学在目标体系上形成了经济功能、劳动功能和综合能力三个层次，在对象范围上形成家庭经济困难学生、有参与实践锻炼意愿学生、有提升个人交往能力心理需求的学生等多元功能育人体系。不仅如此，随着全球化的快速发展，特别是我国加入WTO和提出“一带一路”倡议后，来华留学生规模不断增加，教育部制定了来华国际学生勤工助学管理政策。至此，完整的高校勤工助学管理体系已经形成。

在这一问题上，以往的研究更关注高校勤工助学解决经济困难、助力完成学业这一显在功能，并围绕这个核心功能展开政策制定、政策实施、岗位管理等研究，而对勤工助学促进大学生能力提升和社会发展的潜在功能重视不够。随着经济社会水平的普遍提高，勤工助学也实现了对象和需求层次扩大化，这标志着高校勤工助学的附带功能跃升为显在功能。勤工助学的潜在功能是指对大学生社会适应能力的培养，其地位上升说明能力培养与经济资助功能同样重要，勤工助学的育人作用越来越多元化。

勤工助学属小众研究领域，研究成果并不多，特别是对高校勤工助学与学生能力培养的研究更是凤毛麟角，但勤工助学工作实践对大学生能力培养是实实在在的事情，因此，本研究在高校资助政策背景下，围绕"勤工助学""学生发展""勤工助学对学生发展的影响"三个方面相互作用的机理，采用结构方程模型方法，分析了高校勤工助学对大学生发展影响的路径和具体因素，勤工助学对学生生活、学业、职业等方面的具体影响，以及不同背景变量对影响路径的调节作用。研究形成了一套勤工助学对学生发展影响的测量量表，包括环境感知量表、勤工助学实践量表、学生自我调节量表、学生发展和收获量表。并基于以上四个方面建立了勤工助学与学生发展关系的模型。运用模型研究结果表明，学校勤工助学的政策环境、物理环境、人际环境，分别对勤工助学具体实践有正向影响，对学生各项能力的发展有正向影响。勤工助学具体实践对学生的思维认知、实践能力、自我效能有正向影响，学生勤工助学中产生的自我调节能力对学生的思维认知、实践能力、自我效能有正向影响。勤工助学对学生生活改善程度、自我调节能力、学习进步、获得奖学金、未来职业选择都有不同程度的影响。

高校资助政策是国家为优化教育结构，保障教育公平，促进教育机会均等采取的有效措施，与科教兴国和人才强国战略紧密相关。因此，在勤工助学政策多元混合体系新变化的背景下，研究勤工助学对学生发展的影响具有重要的价值。本研究包括并超越了传统的仅对生活补助作用进行研究的领域，对勤工助学政策的溢出效应进行拓展，即对勤工助学实践活动与学生成长的相关性进行了研究，对全覆盖育人效果给予验证，将高校勤工助学政策的研究向前推进了一步。本研究分为五个部分共十二个章节。

第一部分是研究背景、研究问题、勤工助学的研究现状和特点，包括三个章节。第一章从学业保障到能力发展的高校资助政策背景下提出本研究的研究问题、研究意义、具体研究的内容和方法。第二章是我国勤工助学的形成与发展，回顾了勤工助学发展的历史脉络，有助于我们理解勤工助学政策的演变和实践结果。第三章为勤工助学文献研究，分别对勤工助学和学生发展的国内外文献进行综述，找出勤工助学对学生发展的已有研究，并说明学界主流对学生发展的测量方法。

第二部分是理论基础、研究概念框架及其研究方法，包括第四章、第五章两个章节。第四章提出了勤工助学、学生发展与自我效能三个要素建立起来的研究框架，第五章展开理论基础部分的论述。在教育学和教育社会学理论中，学生发展理论、社会学习理论、学生投入理论、建构主义理论与勤工助学理论为本研究提供了理论认识视角和逻辑支撑。

第三部分是调查分析和关系模型建构，包括第六章、第七章两个章节。第六章建立了研究模型与量化方法。在问卷调查和个案访谈实证研究思路基础上，提出了勤工助学的环境、勤工助学的实践、学生的自我调节、学生的发展和收获四个部分的关系结构模型，以及介绍了本研究建立结构方程模型和多元线性回归的量化方法。第七章重点用结构方程模型对数据进行了实证研究。在调查量表及数据的信度和效度良好的基础上将样本对半分开，分别进行探索性因子分析和验证性因子分析，形成了勤工助学对学生发展影响的结构方程全模型。

第四部分分析勤工助学对学生发展各个指标方面的影响，包括第八章、第九章两个章节。第八章进行多元线性回归分析，在结构方程模型的变量关系和多群组结构方程模型的调节作用基础上，分析了勤工助学对学生其他方面的影响。具体为勤工助学对学生生活改善程度、自我调节能力、学习进步、获得奖学金、未来职业选择的影响程度。第九章进行了多群组结构方程模型分析，引入了学生性别、不同学科、家庭人均月收入为背景变量，分析三个变量对勤工助学对学生发展路径的调节作用。

第五部分是结论、展望和政策讨论部分，包括第十章、第十一章和第十二章三个章节。第十章明确高校勤工助学与学生能力之间关系的结论，针对高校资助政策质量评估及高校对学生发展的关注，提出了有针对性的可操作建议。第十一章根据研究的结论和社会发展趋势，提出“勤工促学”这一概念、目标及其对勤工助学的高质量发展的作用，这是本研究提出的对未来发展方向的创新性观点。第十二章是对我国国际学生勤工助学政策管理和发展的展望。虽然我们针对的是国内高校大学生群体，但对来我国高校留学的国际学生的勤工助学及其能力评估也应该进行深入研究，这对未来制定和完善留学生政策具有较高的参考价值。

本研究的价值和意义表现在以下几个方面：一是在政策价值方面，由勤工助学向勤工促学的发展型资助政策建议对我国政府制定和完善大学生资助政策及高校改进勤工助学工作有较重要的决策咨询价值。二是在学术价值方面，目前我国高等教育的学生发展理论多效仿西方以学生事务管理为基础的学生发展理论。因此，基于学生实际发展的数据，建立以学生实践能力为基础的学生发展理论对我国高等教育学理论内容的充实拓展具有一定的学术参考价值。三是在优化勤工助学操作化方面，增加勤工助学活动的多样性、优化勤工助学的整体环境对于大学生参与包括勤工助学在内的多种社会实践有一定的指导价值。四是提出“勤工促学”这一概念，指出“勤工促学”是未来勤工助学高质量发展的新阶段。

受限于研究资源，本研究还不能支持不同类别学校的差异情况分析。未来研究中，可以通过不同层次的高校类别，通过多群组结构方程模型，分析不同背景变量下勤工助学对大学生能力提升的影响，通过大样本研究，具体化勤工助学对大学生发展的某一特定方面的作用，便于更加精准地实施教育政策。另外，随着国际交往的扩大，国际学生勤工俭学与能力发展也是一个非常重要的议题，这是检视来华留学生培养质量的一个重要方面。限于所研究的对象，本研究并未对国际学生勤工助学与能力培养展开研究，但是认为，高校勤工助学的具体实践对国际学生的思维认知、实践能力、自我效能同样具有影响，同样可以作为衡量国际学生勤工助学与实践能力的评价指标。性别、家庭、不同文化背景和经济背景也同样适用于国际学生勤工助学与实践能力培养的评估。

感谢为本研究作出参考贡献的所有著述和论文的作者，这些文献推动了关于勤工助学政策和大学生培养规律的进一步发展，研究涉及的参考资料大部分均列于参考文献之中。另外，本研究产生的图表也以附录形式呈现于文后。

时立荣

2024年12月10日

目　录

第一章　从学业保障到能力发展

高校资助政策是国家为优化教育结构，保障教育公平，促进教育机会均等采取的有效手段，与科教兴国和人才强国战略紧密相关。20世纪80年代后期，高等教育由免费转变为收费，以助学金为主的资助政策也变为以奖学金、贷学金为主的资助政策。20世纪90年代后期尤其是21世纪以来，国家资助政策由“奖、贷、勤、补、减”发展为现在的“奖、助、贷、免、勤、补、减”配合“绿色通道”的政策，形成了混合资助多元体系。通过不断地摸索和演变，高校资助政策从以贫困生为主体，扩展到覆盖所有学生的多层次资助体系，学生也从被动受助逐渐转变为主动参与。其中，勤工助学作为高校助学资助政策的重要组成部分，其发展变化与高校助学资助政策一脉相承，经历了一系列的更新和完善过程。2018年，教育部、财政部修订出台的《高等学校勤工助学管理办法》标志着高等学校勤工助学专门管理体系的形成和发展。办法适应了现代经济社会发展的变化，从帮助家庭经济困难学生完成学业为宗旨，逐渐发展成为针对全高校范围内勤工助学学生的超越经济功能的实践助学，其作用范围和实际影响力的扩大，体现了勤工助学对帮助学生完成学业、提高综合素质、增强综合能力的重要功能和价值。从学业保障到能力提升，勤工助学的功能已经上升到学生发展的层次和水平。

一、大学生实践能力培养的重要性

党的二十届三中全会通过的《中共中央关于进一步全面深化改革、推进中国式现代化的决定》指出，教育、科技、人才是中国式现代化的基础性和战略性支撑，教育–科技–人才一体化是实现教育强国的战略措施。2024年9月召开的全国教育大会指出了教育强国的科学内涵和基本特征，阐释了中国特色社会主义教育强国的“六大特质”：强大的思政引领力、人才竞争力、科技支撑力、民生保障力、社会协同力、国际影响力。所有的特质都需落实在人才培养上面。人才是教育的产出，现代社会的竞争归根到底是人才的竞争，因此，教育始终承担着强国的基础任务。随着数字化、信息化的飞速发展，社会对人才的创新能力要求势必越来越突出，相应地，能力型人才培养成为高等教育的重要培养目标。

能力的培养要靠实践，学习能力、实践能力、创新能力都要通过实践的渠道进行转化。个体在生产、生活和科学研究中的具体活动就是实践，个体只有在实践中反复琢磨、反复积累并不断总结经验，掌握并运用各种知识、技能、方法和策略去解决遇到的问题，才能逐渐形成实践能力。实践是综合能力的训练场域，学习能力、实践能力、创新能力必须经过实践的渠道进行转化。所以，实践能力是个体在生活和工作中解决实际问题的综合性能力。通过思维实践锻炼创造性思维，可具备解决现实问题的能力；通过技能实践，将所知所学予以运用，可提高专业技能水平；通过责任感、效用感培养积极进取的情感素质并在实践中不断克服困难、解决问题，可培养坚强的意志品格。因此，实践对于大学生能力培养具有至关重要的作用。

高校大学生勤工助学是培养学生综合素质和能力的实践活动之一，通过初级的勤工助学实践去感知、认知和体验所遇到的事务，能够培养学生独立思考、反思、解决问题的能力。过去，勤工助学的对象仅限于固定的小范围的家庭经济困难的学生，功能上仅局限于补助性岗位津贴；现在，随着人民生活水平的提高和国家教育资助能力的不断提高，勤工助学的对象也扩大到所有全日制在校大学生，勤工助学的功效也从提供生活补贴以保障学业完成发展为以工促学，即从经济、心理、能力等方面给予综合性成长支持，勤工助学由此走上了高质量发展的道路。在具体路径上，除了传统的校内行政辅助岗位外，勤工助学也正在寻求同专业的实践实习、公益活动、项目管理、创新创业活动、学生社团和科研学术项目等结合，在锻炼大学生的思维能力、专业技术能力、知识更新和创造能力、团队合作意识、组织能力和独立解决现实问题的能力等方面下功夫。总之，从实践能力入手培养大学生，意义重大，高校应为大学生提供更多的勤工助学实践机会和平台，助力大学生们成长为全面发展的高素质人才。

二、勤工助学实践中的学生发展新动向

勤工助学历史渊源较深，从中华人民共和国成立初期的服务社会进步，到今天的注重学生发展，这一政策的实践始终在社会和教育舞台上占有重要的位置。标志性的政策实践是，1998年勤工助学被写入《中华人民共和国高等教育法》，在之后的高等教育政策调整完善过程中，勤工助学一直是高校资助政策不可或缺的重要组成部分。2007年，我国已建立起类型全覆盖的学生资助政策体系，如国家奖学金、国家助学金、国家励志奖学金、助学贷款、免费师范生、学费补偿代偿、勤工助学、学费生活费减免或补助等多种形式。在由“奖、贷、助”向“奖、助、贷、免、勤、补、减”发展的助学体系中，勤工助学政策也在不断完善和发展，对在校大学生投身劳动实践起着不可忽视的促进作用。为不断健全学生资助制度，适应学生勤工助学工作的新特点及新需要，2018年教育部、财政部修订出台了《高等学校勤工助学管理办法》，该办法是一项专门针对勤工助学的政策，明确了勤工助学活动的组织、管理、监督和酬金标准等，以此保障学生的合法权益，促进勤工助学活动健康、有序地开展；反映了勤

工助学政策目标在不断地适应经济社会发展，以更好地帮助家庭经济困难学生顺利完成学业，同时，也显示了提升学生的综合素质和实践能力的新动向新要求。

与传统的单一经济功能的勤工助学要求相比，目前的勤工助学政策呈现出以下新变化：强调扩大勤工助学对象群体，勤工助学虽然以家庭经济困难学生优先，但覆盖面可以扩大到其他有参与工作实践意愿的学生；强调学业目标优先，勤工助学必须是以学业为中心的劳动实践，勤工助学岗位的设置既要满足学生的需求，又要在时间上保证学生不因参加勤工助学而影响学习；特别强调勤工助学的育人功能，新修订的政策强调了资助育人的要求，通过勤工助学活动加强学生的思想教育，培养学生树立劳动观念，增强独立工作、创新创业的精神，增强学生的综合素质，充分发挥勤工助学的育人功能。新政策使得勤工助学的管理和服务得到了进一步的规范和完善，如学校要成立学生资助工作领导小组，全面领导勤工助学工作，统筹协调多部门配合学生资助管理机构开展勤工助学工作，确保勤工助学活动的规范管理。

国家高校资助政策的总体目标是鼓励学生更好地完成学业，但完成学业只是对接受教育的基本要求。教育是培养人的活动，因此重点在于促成个体的发展和成长。勤工助学活动的本质属于教育问题，对勤工助学的研究也与高等教育的基本功能和目的紧密相连。高等教育的目的是促进学生成长，帮助学生认识自己，发展自己。随着勤工助学政策的不断完善和发展，其作用范围和实际影响力也不断扩大，正日益体现出帮助学生完成学业和提升能力的重要功能和价值。但是，对勤工助学这一资助政策的质量评价，却鲜有研究涉及。目前对高校资助政策的评价研究通常采用高校的声誉类指标，如高校资助财政投入、资助人次等硬性指标，缺少对作为教育培养对象的学生所获得的发展或成长的研究。而实际上，学生才是资助政策的最终指向，有学生参与的“反馈性结果”才是研究资助政策质量评价的关键。

与其他形式的助学资助政策相比，勤工助学的资助方式是融入学生参与的实践过程，这种实践反过来会作用于学生自身的发展。国家助学贷款和奖助学金等形式的资助，是学生根据家庭经济情况或个人学业成绩直接获得资助，不涉及学生直接参与工作岗位的活动。而勤工助学，是学生通过自己的持续劳动获得酬金支持，正是这种持续的参与促成了学生的发展和能力的提升。那么，勤工助学产生了怎样的政策效果和价值，也就是说，对学生完成学业、成长和发展产生了怎样的影响？这一问题既是对各部门财政支出效果的反馈，也是对高校勤工助学资助政策有效性的评估。

目前的勤工助学的政策设计已由单纯助困转向培养学生成才。如《2016年中国学生资助发展报告》总结指出，学生资助工作重心由保障型资助向发展型资助转变，重视培养受助学生成长成才。各地各学校紧紧围绕“立德树人”这一根本任务，抓住“培育和践行社会主义核心价值观”这一核心，重视培养受助学生的创新精神和实践能力，加强励志教育、诚信教育和社会责任感教育[①]。《2022年中国学生资助发展报告》指出，学生资助工作发展实现新突破，全方位、精细化育人模式逐步完善，各高等院校不断健全全员参与、各部门配合、各环节统筹协调的资助育人机制，帮助受资助学生培根铸魂、启智增慧、成长成才，努力把他们培养成为堪当民族复兴重任的时代新人[②]。因此，勤工助学作为国家资助政策的一项内容及高校教育实践的一部分，无论是就其效果反馈，还是就其效果评估进行研究，都会对学生发展产生实际意义。

勤工助学政策如此重要，但学界对其的重视和研究并不太够，一般来说，多以国家政策法规发布的方式予以提及。国家和高校投入大量人力、物力、财力落实这一政策，而政策的效果如何、反馈如何？究竟在多大程度上影响了学生的发展，且影响了学生哪些方面的发展？是否能通过适当的理论和实证分析解释？勤工助学如何促成学生能力的改变，哪些因素促

① 参见教育部网站：http：//www.moe.gov.cn/was5/web/search?channelid=244081.

② 参见教育部网站：http：//www.moe.gov.cn/was5/web/search?channelid=244081.

成了这些改变？通过对以上问题的探究，可以反映教育资助政策的效果，以及教育目的的实现程度，为如何设计与学生发展相联系的资助政策，以及增加高等教育中促进学生发展的实践活动，提供切实的依据和支持。

三、国内外关于学生发展的研究

在接受高等教育的过程中，个体是通过不断更新知识从而获得自我探索能力的。讨论教育活动中的哪些因素能够帮助学生提升自我认知，有助于分析学生发展产生的原因和环境，从而设计相关教育活动以促进教育功能和目的的实现。以此为视角反思勤工助学，探讨勤工助学对学生发展的影响作用，能够考察教育功能和资助政策的实现情况，这既是对勤工助学的价值探索，又是对高等教育培养人才效果的微观考量。从高校学生培养趋势来看，注重学生发展越来越成为现代教育追求的目标。

（一）国外发达国家的学生发展情况

西方发达国家关于学生发展的研究，通常与学生事务管理（Student affairs administration）紧密相连。其定义的学生发展是学生在学校获得的各个方面的成长，体现在学生在校获得的教育资源的总和。与之最直接的对应就是学生事务管理中体现的以学生发展为中心的制度设计。无论英国、美国还是日本，都把学生发展提升到以高等教育实现学生能力提升的重要价值的高度。把学生发展视为学生事务管理的目的，以学生事务管理为框架，通过规范化、专业化、制度化的管理和服务，设计符合或促进学生发展的辅导、生活服务、经济资助、校园活动等，帮助学生各方面成长。

1. 英国的学生发展情况

在早期的英国大学里，学生事务和学术事务没有明确区分。英国高等教育由精英化向大众化转向，使得学生事务从学术事务中分离出来，学生事务通常与“课外活动”“学生活动”“感情生活”等事务相关。[①] 要求学生事务管理工作者具有领导力、人力资源管理能力、沟通力，能够在决策中运用学生发展的相关理论，培养学生在学术刊物上发表文章的能力。英国高校学生事务管理将公共服务和个人导师制结合，以尊重学生多元化发展。学校领导机构的理事会、校务委员会、学术评议会等均有学生代表参加，学生作为主人具有发声的权利，学生事务管理工作以学生发展为工作目的。[②]

英国具有对高等教育质量评估的传统，评估指标包括大量与学生发展结果有关的指标，如学生学习、就业发展、学生体验、学习质量等，并逐渐发展到学生参与教育质量评估。其关于高等教育教学的评估从关注学生利益向更进一步地以学生利益为中心转变。其著名的“学生发展模式评估”就是通过系统化的评估量表、有章可循的评估方式，建立学生的个人档案，对学生的平时表现、成绩及多方面的发展进行反馈，并结合具体情况对评估反映的问题进行适当调整。

2. 日本的学生发展情况

日本大学生事务管理被称为“学生支援”或“学生生活支援”。国家层面负责学生支援业务，高校自行设置学生管理机构——通常由高校内部设立的学生部（学生处）来承担，学生部对学生个人或团体提供各种服务，培养学生形成丰富的人格，形成自主发展的品格。以学生为中心，是日本学生事务管理的核心理念。其学生事务管理的内容包括学生生活支援、就业支援、留学生支援、奖助学金支援、特别教育支援和学术支援。日本的高校学生事务管理工作是一种专业化程度较高的职业，对工作人员的准入、考核、培训、职责等方向有明确的规定，以学生的全面发展为服

---

① 于冠华. 中英高校学生事务管理比较研究 [D]. 武汉：武汉大学，2013.

② 张晓艳. 中外高校学生事务管理内容的比较分析与启示：以中美英三国为例 [J]. 教育教学论坛，2014（15）：1–2.

务目的。[①]

3. 美国的学生发展情况

学生事务管理在美国高等教育背景下具有重要的价值，它与学生学术管理的概念相对，主要是关注学生学术成绩外的综合发展。美国的学生事务管理历史悠久，学界对于其发展阶段的区分说法不一，其中最有影响力的是“四阶段论”[②]：一是“替代父母制”（In loco parents）的起步阶段，二是学生人事工作（Student personnel work）的成熟阶段，三是学生服务（Student services）的变革阶段，四是学生发展（Student development）的新时期（Burton R. Clark & Guy Neave，1992）。即美国学生事务管理从早期的“权威主导”模式、“学生人事工作”模式、“学生服务”模式，转变为目前的“学生发展”的专业化模式，经历了从无到有、从定位模糊到职责明确的过程，一步步实现了专业化[③]。整个过程并非一蹴而就，这种不断专业化、学术化的发展进程，体现了美国高校学生事务的宗旨、理念、使命及角色定位等方面的深刻变革，也体现了不断向学生发展靠近的历史选择。美国学生事务的发展，最早采用基础的“替代父母制”的寄宿制管理模式（Kellogg & Karen，1999）。寄宿制使用严格的纪律管理方式并实行封闭式教学，学校对学生专业知识、价值观精神等的培养发生在学生同教师、同学的朝夕相处中，这种教育方式对学生智力知识、道德品格等方面的发展具有正面意义。寄宿制强化了学生对规则的遵从，但因缺乏与外界的深度接触，忽视学生课堂以外的发展，在一定程度上扼杀了学生的个性，总体来说不利于学生个性发展和个人成长。

1937年，美国教育委员会（American Council on Education，ACE）发

① 端木怡雯，裘晓兰. 日本的学生事务管理与中国学生工作的比较[J]. 中国德育，2010，5（10）：71–75.

② CLARK B R，NEAVE G R.The encyclopedia of higher education（volume 2）[M]. New York：Pergamon Press Ltd.，1992.

③ 蔡国春.美国高校学生事务管理专业化的发展及其特征[J].扬州大学学报（高教研究版），2002（1）：73–76.

布的《学生人事工作的宣言》（*The Student Personnel Point of View*，SPPV）具有里程碑意义。作为一个标志性的文件，该文件认为除了培养学生的思维、智识，还需要通过课外活动等方式增加学生接触社会的机会，提升学生的社会技能和才能。文件旨在促进教育工作者引导全体学生发挥他们的潜力，为社会进步作出贡献。1949年，美国教育委员会修订了1937年发布的SPPV，增加了对学生事务管理目标的界定。开始关注个体差异的心理，呼吁教师、行政人员和学生人事工作者鼓励学生的发展，承认他们的"背景、兴趣、目标上的个人差异"。

20世纪70年代前后，美国大学人事协会（American College Personnel Association，ACPA）等专业协会开始重新思考学生事务的作用和使命。Hazen基金会设立高等教育学生委员会，鼓励各学院和大学对学生的发展承担责任。与此同时，ACPA发动的明日的高等教育计划（Tomorrow's Higer Education Project，THEP）探讨了学生发展作为一种专业哲学的可能性（Brown，1972），并将学生事务专业人员"致力于学生发展——应用于高等教育环境的人类发展理论"作为指导理论，并努力确保学生发展成为一个机构的优先事项（Garland & Grace，1993）。通过强调大学生发展的任务，提出帮助学生实现发展目标的方案选择，使这一概念更加接近于实施（Miller & Prince，1976）。后来的学者为寻找学生发展概念的经验证据，创造了一些工具衡量学生发展成果（Winston，Miller & Prince，1979），并对机构环境对学生的影响进行了评估（Pace，1984）。

学生事务管理手册在"学生人事"这一概念的基础上，认为学生事务需要强调学生的个性，学生不仅要获得学位，每个人独特的个性也应该被发展，以为未来生活做准备（Margaret，1993）。这一时期的"学生人事"开始关注对学生未来职业的指导及技能培养，但高等教育和工业界对学生职业发展的紧密合作引起了有关人士的批评。批评者认为，高等教育者应该关注学生理性和情感的整合发展，强调学生发展的多维需要而非仅仅职业教育（Veblen，1918；Carpenter，1996）。

基于学生事务管理的价值理念和学生生源的变化，莫琳·威尔逊（Maureen E. Wilson）分析了学校和学生间的关系变化。他认为，学校为争夺生源和谋求发展，均采取措施改善对学生的服务工作，“学生消费者第一”的观念使学生权益被置于高位。在这种情况下学校要保持竞争力，就需要重视学生需要且保护学生的利益，坚持为学生服务的使命。[①] 教育者应该提供多样化的资源满足学生的不同需求。有研究者认为“学生工作人员是促进学生发展的教育工作者，他们应以学生为本，尊重学生个体的存在，促进学生自我实现”[②]。

至此，美国学生事务管理经历了替代父母制阶段、学生人事工作、学生服务阶段，迎来重点强调“学生发展”的新时期。学生发展对学生工作事务提出了更高的要求，满足学生的发展建立在对学生基本认知的基础上。在20世纪初心理学和社会学的学科融合背景下，心理学家如弗洛伊德、荣格以及后来的斯金纳则从不同角度来研究人类行为（Upcraft & Moore，1990），并逐渐扩展到教育领域，形成了指导美国高校学生事务发展的学生发展理论。20世纪80 — 90年代，学生发展理论引进了社会心理和认知结构理论，不同背景的学生进入美国高等教育系统，学生组成越来越多样化，对学生的理解使社会认同理论成了学生发展关注的重点。

同时，心理学、社会学、社会心理学、人类生态学等学科的知识，为大学生社会认同发展提供了研究模式。尽管早期学生发展的支持者试图发展一个“全面的学生发展模式”（Knefelkamp，Widick & Parker，1978），但他们认为，发展的认知和情感方面不可能分开，探索身份的认知和社会心理层面，以及这些因素如何交织在一起，是研究学生社会认同的构成要素。因此，他们开始研究社会认同的各个组成部分，如种族、性别、宗教等如何结合起来构成整体发展（Kegan，1982）。

---

① WILSON M E. The handbook of student affairs administration[J]. Journal of college student development，2010，51（3）：356–358.

② 陈春莲.基于认知理论的新时期高校学生事务管理模式研究[D].武汉：武汉大学，2013.

从学术角度来看，学生发展理论有着深厚的历史渊源，后文将详细介绍学生发展理论的各阶段发展和应用。而客观上，随着学生发展理论的不断发展完善，学生事务管理在其指导下在专业化的道路上越走越远。这种专业化体现在学生事务管理在高等教育中对应独立设置机构、管理岗位职业化且管理人员专业化。学生发展是学生事务管理的基础，学生事务管理的专业人员通常根据学生需要设计学生发展方案，制定相关政策，致力于创造健康的大学环境，鼓励学生积极成长。

英国教育家斯宾塞认为，“教育的目的在于为人的完满生活做准备”[①]。美国教育家杜威则认为，教育的目的就是促进个体生长，“除此之外，教育没有其他任何目的”[②]。国内外各种教育目的论虽然有表述上的差异，但基本内容及强调实质均是关注人的知识、能力的发展，关注学生的道德和情感、个性等方面的发展。

（二）国内关于学生发展的研究

国内倡导学生发展是近几年的事情。目前学者对勤工助学的研究主要集中在现状分析、管理方式、特定勤工助学种类等方面，关于勤工助学工作的具体效果，尤其是勤工助学对学生发展的研究却鲜有涉及。已有研究既包括与国外学生事务管理相似的内容，也具备一定的本土特色。具体研究主要集中在以下方面。

一是分析学生发展的特点，探索高校学生发展事务。例如，解释学生的生长性，认为学生的生长具有未完成性、自主性、选择性和不确定性[③]。具体来说，学生处于不断的变化过程中，有无限发展的可能，且学生具有好奇心，勇于探索和尝试，他们有自己的价值观和个性，对自己的

① 斯宾塞. 教育论[M]. 胡毅，译. 北京：人民教育出版社，1962.

② 杜威. 学校与社会：明日之学校[M]. 赵祥麟，任钟印，吴志宏，译. 北京：人民教育出版社，2005.

③ 张传燧. 基于学生发展核心素养培育的“四生课堂”建构研究[J]. 陕西师范大学学报（哲学社会科学版），2017，46（5）：146-157.

人生规划有不同的选择，同时他们可塑性强，易受外界环境影响。认为学生发展应该包括社会发展、体力发展、智力发展、职业发展、情感发展、精神发展六个方面，所以，学生发展应当树立“以生为本”的理念和“服务学生”的意识，强调学生发展是高校资助管理最大的社会正义①。除改善经济条件外，资助的终极目标是促进学生发展，提高贫困生综合素质，而且有必要从经济性发展、学习性发展、社会性发展和职业成熟度四个方面探索高校资助在促进学生发展方面的有效性（廖述平等，2016）②。

二是通过不同的测量量表，调查分析高校学生发展的不同维度。此类研究以描述性分析和案例研究居多。例如，2006年起，北京大学教育学院开展“首都高校教育质量与学生发展的年度调查”，采用学生自评的问卷调查方式，收集高校教学、学生工作、学生成长方面的数据进行分析，得出学生参与度是影响学生成长的关键因素的结论。研究表明，学生在课堂学习、课外活动方面参与程度越高，对自我成长发展的主观评价就越高。课堂内外积极的参与能够促进学生知识积累、认知思维、组织表达、道德价值等不同维度的发展。③

另有研究专注于本科不同年级学生的发展情况。2011年，北京大学与北京市教工委联合开展“首都高校新生适应性调查”，认为“适应”是大学新生发展的关键词。调查研究表明，一年级新生的学习适应、人际关系和社会适应情况良好，低社会经济背景的学生适应情况相对较差。人文社科专业类新生在各适应维度中表现好于其他专业新生。④另一项由北京大学开展的针对北京市大学二年级学生追踪调查的结果显示，“转折”是

① 隽同强. 学生发展理论下的我国高校学生事务管理[D]. 苏州：苏州大学，2010.

② 廖述平，张丽红. 基于学生发展的高校资助绩效评价研究[J]. 高教探索，2016（4）：20–25，53.

③ 朱红，李雪凝. 我国高校学生工作与学生发展的关联性：实证研究发现了什么[J]. 高等教育研究，2011，32（8）：79–85.

④ 杨钋，毛丹. “适应”大学新生发展的关键词：基于首都高校学生发展调查的实证分析[J]. 中国高教研究，2013（3）：16–24.

二年级学生发展的主题词。转折体现在具有独立性、目标规划和执行力的学生更能破除学生发展中可能出现的自我认同危机，形成积极主动的人生态度，减少对家庭的依赖，完成从“家庭中的孩子”到“社会中的成年人”的社会化。同时，人文学科学生的转折情况好于工科学生，女生较男生能更好地完成转折。①

三是在实践数据的基础上，尝试建立本土化的大学生发展理论。例如，岑逾豪基于2009年“中国大学生投入调查”（NSSE-China）建构了中国大学生发展理论，提出了大学生成长的金字塔模型。作者将学生成长比作一场向上的攀登，学生在多种因素作用下可达到四个不同层级，攀登的第一层级始于“学生参与”课业学习、课外活动、勤工助学等六类情境。攀登的第二层级要求“学生投入”，包括时间投入、认知投入和情感投入，第三层级要求学生反思“学习结果”，包括习得知识、技能，个人意识萌发和社会交往能力提升，最后达到金字塔顶端的第四层级“学生发展”，在认识论维度、个人内在维度以及人际维度走出人云亦云的思维定式。② 岑逾豪将学生成长的整个过程细分化，将学生成长的过程进行了拆解，认为学生发展是最终目标。

四是中国学生核心发展素养。2016年9月，历时三年的《中国学生发展核心素养》研究成果在北京发布，研究成果系高校近百名研究人员通过基础理论研究、教育政策研究、实证调查，反复修改而成。研究认为，学生发展的核心素养，主要是指学生应具备的、能够适应终身发展和社会发展需要的必备品格和关键能力。核心素养以培养“全面发展的人”为核心，分为文化基础、自主发展、社会参与三个方面，综合表现为人文底蕴、科学精神、学会学习、健康生活、责任担当、实践创新六大素养，具体细化

---

① 杨钋，范皑皑，管蕾．“转折”：二年级学生发展的主题词——基于北京高校学生发展调查数据的实证分析[J].清华大学教育研究，2013，34（3）：108-117.

② 岑逾豪．大学生成长的金字塔模型：基于实证研究的本土学生发展理论[J]. 高等教育研究，2016，37（10）：74-80.

为人文积淀、人文情怀、理性思维、批判质疑、乐学善学、勤于反思、健全人格、社会责任、国家认同、劳动意识、技术应用等十八个基本要点。

有学者认为《中国学生发展核心素养》研究成果值得商榷，因为学生学习与发展要素由生理心理、知识文化、思想道德、实践创新组成，但起关键性作用的本源要素为知识文化。《中国学生发展核心素养》中提出的文化基础、自主发展和社会参与三种核心素养中，文化基础素养应比其他两者更为基础，学生在文化基础上，才懂得如何自主发展和社会参与。①

四、促进学生能力提升和发展的勤工助学政策意义

教育质量评估是保障高等教育质量的重要手段之一。在国内教育系统，教育质量评估通常指高校每五年一次的本科教学水平评估。本科教学评估耗费了大量人力、物力，其评估结果是否代表了高等教育的质量，已有的评估内容是否具有改进的空间，这些问题都是值得以科学的态度进行深入讨论的。本研究认为，高等教育的质量不仅体现在教学水平上，还体现在学生发展水平方面。与西方发达国家相比，我国高校资助政策评估尚未制度化、体系化和科学化。表现在政府相关部门是政策评估的主体，高校资助工作由教育部全国学生资助管理中心负责统筹，中心每年会根据当年政策执行情况撰写学生资助发展报告，报告主要考核总体财政支出和受益人数等情况，未充分考虑资助政策对学生自身产生的具体影响。然而，学生作为高校的受助人群，对资助政策的效果最为敏感，因此，从高校层面针对受助者开展学生资助政策评估最能反映真实情况。而高校勤工助学活动由重点扶持家庭经济困难学生到覆盖所有学生群体，对学生的成长发展产生了全面的影响。具体在哪些方面对学生产生了影响，以及影响的强度，应该成为高等教育质量评估的一部分。

① 李雪，孙绵涛.学生发展核心素养探究：兼与《中国学生发展核心素养》商榷[J].上海师范大学学报（哲学社会科学版），2017，46（6）：78-84.

勤工助学的发展与我国高等教育快速发展紧密相关。高校招生收费制度使大学生的学费、生活费迅速增加，尤其是1999年高校扩招制度实行之后，高等教育逐步由精英教育向大众教育发展，在更多数量的学生有机会接受高等教育的同时，高校内家庭经济困难学生的数量也有所增加。根据教育部发布的《关于我国高校经济困难学生情况与资助政策措施》（2004）的数据显示，“在全国普通高校中，经济困难学生约占在校生总数的20%，人数在240万左右；其中经济特别困难学生人数约占在校生总数的5%—10%，人数在60万—120万。”[①] 因此，对贫困生的单一经济补助已经不完全适合我国高等教育的发展。在这样的背景下，多层次混合的资助政策成为必然选择。

目前，高等教育采用了“奖、助、贷、免、勤、补、减”配合“绿色通道”的多元混合资助政策，针对不同家庭经济情况、不同培养层次、不同受助需求的高校学生群体给予不同程度的资助。政策制定思路体现在：在确保家庭经济困难学生不因经济情况辍学的前提下，不断完善多元化的资助体系，助困与奖优并存，鼓励优秀学生获得经济奖励。与其他资助方式相比，勤工助学作为大学生资助体系中的一个有机组成部分，不仅具有“输血”的作用，更有“造血”的功能。从20世纪90年代以来，国家不断出台关于勤工助学的法律规章，以保证勤工助学这项工作的顺利开展。1993年9月27日，国家教育委员会、财政部发布《关于进一步做好高等学校勤工助学工作意见的通知》（教财〔1993〕62号），把勤工助学工作作为学校主要日常工作及深化高校改革的重要内容加以高度重视。要求学校指定人员和机构专职负责勤工助学工作，保证组织落实并健全对应的规章制度。

1998年8月29日，由第九届人民代表大会常务委员会第四次会议审议通过的《中华人民共和国高等教育法》第五十五条和第五十六条，对高

① 参见教育部网站：http：//www.scio.gov.cn/xwfbh/xwbfbh/wqfbh/2004/0831/Document/327080/327080.htm.

校勤工助学做了明确的规定："国家设立高等学校学生勤工助学基金和贷学金。""高等学校的学生在课余时间可以参加社会服务和勤工助学活动，但不得影响学业任务的完成。高等学校应当对学生的社会服务和勤工助学活动给予鼓励和支持，并进行引导和管理。"

2007年，教育部、财政部联合印发的《高等学校勤工助学管理办法》（教财〔2007〕7号），具体规定了勤工助学管理服务的组织职责、岗位制定、校外勤工助学活动管理、酬金标准及法律责任。2018年又做了修订。

从学生发展角度来看，一方面，勤工助学虽然以解决贫困学生生活费用来源为目标，却更强调学生的成长进步，其目的不仅是扶困，还充实了高等教育实践的内容，对培养大学生综合素质和自强自立的精神具有重要意义。2005年9月1日开始施行的《普通高等学校学生管理规定》指出：学生在校期间依法享有参加"社会服务、勤工助学，在校内组织、参加学生团体及文娱体育等活动"的权利。这一规定将勤工助学视为大学生必须享有的权利，与社会服务等培养大学生品德、素质的实践活动并列，从管理角度为其背书，使勤工助学活动成为大学生教育实践的主要活动之一。因此，探讨勤工助学活动对学生发展的影响，是评估大学生教育实践和教育效率的一个重要侧面，具有重要的现实意义。另一方面，从勤工助学的历史发展来看，我国的勤工助学是由勤工俭学发展而来的。从留法勤工俭学运动开始，经历了启蒙知识分子为国救亡、中华人民共和国成立后服务国家发展，再到支持家庭经济困难学生的学业生活以及促进大学生自助的育人发展过程。无论在历史发展过程中，还是在目前高校资助政策的新背景下，勤工助学都在不同的阶段为国家振兴、社会发展、成人成才服务。研究勤工助学对大学生发展的影响，不仅有助于考察高校资助政策的效果，提升高校资助政策效率，而且与勤工助学历史发展以来服务学生发展的价值观变化相呼应，对促进大学生综合素质的提高有重要意义。

第二章　我国勤工助学的形成与发展

我国高校学生资助政策是由“奖、助、贷、免、勤、补、减”构成的多元综合体系，勤工助学是高校学生资助体系的重要组成部分。勤工助学经历了由勤工俭学向勤工助学的政策话语转变过程，经历了从早期只针对家庭经济有困难的学生到现在的以家庭经济困难学生优先选择为原则并可覆盖所有全日制在校大学生的过程。勤工助学这一活动在我国不同的历史时期具有不同特点，因此，厘清勤工助学的发展脉络有利于理解勤工助学对学生发展产生影响的实践基础。

一、勤工助学的发展脉络

从勤工俭学到勤工助学，我国勤工助学的发展经历了以下几个发展阶段。

（一）中国近代勤工助学的发展

勤工助学的发展可追溯到20世纪初期的留法勤工俭学运动。1909年，赴法留学第一人李石曾在法国建立了“巴黎中国豆腐工厂”，培养中国技工到法国的豆腐工厂工作，工人工作之余在巴黎开始了半工半读的生活，并逐渐在欧战期间兴起了旅法华工教育。留法勤工俭学运动是整个旅欧教育运动的重要组成部分，亦是五四新文化运动的纵深发展。①

留法勤工俭学运动，起源于辛亥革命前后。1912年，李石曾、吴玉章等人发起的“留法俭学会”，成立留法预备学校并送80余人赴法俭学。1915年6月以后，勤工俭学会、华法教育会和各种留法勤工俭学预备班在全国各地纷纷成立，输送更多的中国青年去法留学。华法教育会负责将抵法学生安排进工厂、学校，一时间学生遍布法国各地，但1920年10月后，法国受到经济危机影响而暴发失业风潮，勤工俭学的学生陷入无工无学的生活困境，1921年，他们向中国驻法公使馆要求生存权、求学权，并进占里昂中法大学，但未能扭转局面。1921年以后，不少勤工俭学的学生转赴比利时和德国。②

留法勤工俭学运动对我国现代史的发展具有不可估量的作用，它为中国革命和建设培养出大量的栋梁之材。

（二）中华人民共和国成立后高校勤工助学的发展

在中华人民共和国成立初期计划经济体制的背景下，高等教育采取“统包、统分、免费入学”的教育体制。1957年5月《中国青年报》、1958年1月《人民日报》分别发表《提倡勤工俭学，开展课余活动》《一面读书一面劳动》的社论，各高校开始设立劳动技术课并创建劳动基地，组织学生下工厂、下乡参加生产劳动。此时的勤工助学主要通过“参加社会主义劳动”实现，主要是培养学生的劳动意识、基本生产劳动技能，以义务劳动和集体活动为主，与学生所学专业无关。③

1958年，共青团中央发布《关于在中学生中提倡勤工俭学的决定》，明确提出：勤工俭学是具体实现知识分子和工农相结合、脑力劳动和体力

---

① 赵静.留法勤工俭学运动[M].北京：解放军文艺出版社，2004.

② 赵静.留法勤工俭学运动[M].北京：解放军文艺出版社，2004.

③ 王志.大学生勤工助学指导[M].上海：华东师范大学出版社，2008.

劳动相结合的一个重要途径。[①]其基本目的在于“培养有社会主义觉悟的有文化的劳动者，在质和量两方面实现文化教育事业的大跃进”[②]。此后，勤工俭学的模式曾在全国范围内兴起，并出现“半工半读”的形式，在当时学校人才培养中发挥了积极作用。但后来的“文化大革命”时期，学校和教学受到冲击，勤工俭学活动出现中断。

“文化大革命”结束后，江苏省率先于1980年在中小学开展勤工俭学的活动，国务院和国家有关部门相继以条例的方式出台了一系列政策，这一时期的勤工俭学政策主要服务于当时国家的经济和教育发展，以中小学勤工俭学基地的形式，成立了一批校办工厂、农场，并对相关人员的编制和管理作出了制度方面的安排。政策主要强调通过勤工俭学对学生进行劳动教育，促进教育与生产劳动相结合，以培养学生的生产知识和劳动技能为主。勤工俭学不仅在于对学生的经济扶助，也具有重要的教育价值，主要是为教学服务，根本目的在于育人。1988年9月国家教委发布的《关于加强对高校学生勤工俭学活动管理的几点意见》指出，学生勤工俭学的主要内容是开展与专业学习相结合的科学技术文化服务，要提倡有利于培养劳动观点和自立精神的劳动服务；对于经济特殊困难的学生，要提供参加勤工俭学的机会。

（三）20世纪90年代以来的勤工助学

20世纪90年代，我国逐渐建立了社会主义市场经济体制。在教育领域，大学生开始缴纳学费并实行自主择业，政府部门、大学生及其家庭对勤工助学政策的关注也日益增多。1990年实施的《普通高等学校学生管理规定》，提倡和支持学生开展“勤工俭学”活动。1993年、1994年，国家教育委员会、财政部先后发布《关于进一步做好高等学校勤工助学工作意见的通知》（教财〔1993〕62号）、《关于在普通高等学校设立勤工助

① 刘时方，陆伟家，周翠林. 高校勤工助学的历史回顾和启示[J]. 南通工学院学报，1998，14（4）：59-62.

② 潘懋元. 高等学校勤工俭学的原则与问题[J]. 学术论坛，1958，2（5）：5.

学基金的通知》（教财〔1994〕35号），指出“学校要把勤工助学工作列为一项主要日常工作和深化高校改革的一项重要内容予以高度重视”，并明确规定了勤工助学的经费来源和使用原则。1998年，“勤工助学”被写入《中华人民共和国高等教育法》，结束了“勤工俭学”和“勤工助学”混用的状况。

2005年，相关部门更新了《普通高等学校学生管理规定》和《关于进一步做好大学生勤工助学工作的意见》，在20世纪90年代实践的基础上，提出了新的要求。包括整合校内资源以挖掘勤工助学岗位；健全勤工助学管理机构、完善管理办法；加大专项投入，做好勤工助学工作保障，强调“助教、助研、助管”的工作设置，“力争用3—4年的时间，使60%以上的在校研究生和部分本科生能够拥有‘三助’岗位。”并把大学生勤工助学工作与大学生思想政治教育联系在一起。

2012年6月，教育部、财政部、全国学生资助管理中心发布的《高等学校学生资助政策简介》，明确了高校家庭经济困难学生资助政策体系的主要内容，采取不同措施对家庭经济困难的大学生给予资助。如解决学费、住宿问题，以国家助学贷款为主，国家励志奖学金等为辅；解决生活费问题，以国家助学金为主，勤工助学等为辅。即勤工助学是国家为解决家庭经济困难学生的生活费支出，为补充国家助学金的单一方式或不足，本着学生由劳动换取所得的原则，为帮助家庭经济困难学生完成学业的制度设计。

以下是对勤工助学政策的梳理，反映了政策的变化和侧重点（如表2-1所示）。

表2-1　勤工助学政策一览表

发布时间	发布部门	法律法规名称（简称）	主要内容
1993年7月26日	国家教委、财政部	《关于对高等学校生活特别困难学生进行资助的通知》（教财〔1993〕51号）	要组织好学生，特别是“特困生”参加勤工俭学活动，使他们在参加劳动的同时取得一些收入，以补充学习和生活上的费用；各高校可从学杂费和学校自行组织的其他收入中拿出一部分，用于支持学生参加校内勤工助学活动，并切实做好此项经费的使用管理工作
1993年8月27日	国家教委、财政部	《关于进一步做好高等学校勤工助学工作意见的通知》（教财〔1993〕62号）	将勤工助学工作列为学校主要日常工作和深化高校改革的重要内容予以高度重视；要求学校指定必要的人员和机构专门负责勤工助学工作，保证组织落实，并健全相应的规章制度
1994年5月10日	国家教委、财政部	《关于在普通高等学校设立勤工助学基金的通知》（教财〔1994〕35号）	设立勤工助学基金的目的，在于使高等学校勤工助学活动具有稳定、可靠的经费来源，使这项工作逐步走向经常化、规范化，使家庭经济困难学生，尤其是特困生得到有效资助，以完成学业；基金主要有四个来源：（一）在教育事业费中，根据国家任务学生数，按每生每月3—5元标准提取的经费；（二）从学杂费收入中划出5%的经费；（三）从学校预算外收入中划出一定比例的经费；（四）基金增值。今明两年，中央财政将以专款形式对中央部属院校安排勤工助学基金启动经费，各地方人民政府也应按此原则适当安排
1998年8月29日	全国人民代表大会常务委员会	《中华人民共和国高等教育法》（中华人民共和国主席令第7号）	国家设立高等学校学生勤工助学基金和贷学金，并鼓励高等学校、企业事业组织、社会团体以及其他社会组织和个人设立各种形式的助学金，对家庭经济困难的学生提供帮助。高等学校的学生在课余时间可以参加社会服务和勤工助学活动，但不得影响学业任务完成。高等学校应当对学生的社会服务和勤工助学活动给予鼓励和支持，并进行引导和管理

续表

发布时间	发布部门	法律法规名称（简称）	主要内容
2005年4月8日	共青团中央、教育部	《关于进一步做好大学生勤工助学工作的意见》（中青联发〔2005〕14号）	将勤工助学视为贯彻教育与生产劳动相结合、推进素质教育全面实施、加强和改进大学生思想政治教育的重要举措，并强调高校勤工助学工作的“育人”功能
2007年6月26日	教育部、财政部	《高等学校勤工助学管理办法》（教财〔2007〕7号）	具体规定了学生勤工助学管理服务的组织职责、校内助学岗位的设置、校外勤工助学活动的管理、勤工助学酬金标准支付、法律责任
2018年8月20日	教育部、财政部	《高等学校勤工助学管理办法（2018年修订）》（教财〔2018〕12号）	提出“勤工助学是实现全程育人、全方位育人的有效平台”“培养学生热爱劳动、自强不息、创新创业的奋斗精神，增强学生综合素质，充分发挥勤工助学育人功能”，将学生报酬由每小时不低于8元人民币增长为每小时不低于12元人民币
2021年12月29日	教育部办公厅、公安部办公厅、人力资源社会保障部办公厅、国家移民管理局综合司	《高等学校国际学生勤工助学管理办法》（教外厅〔2021〕2号）	对国际学生参加勤工助学活动进行规范。提出“国际学生校内外勤工助学活动按照学有余力、自愿申请、扶困优先、遵纪守法的原则，在学校统一领导、统筹安排下进行”。明确了国际学生校内外勤工助学工作时长、酬金数额、地域范围、风险承担方、管理主体等方面的要求
2024年1月31日	上海市教育委员会、上海市财政局	《上海市高等学校勤工助学管理办法》（沪教委规〔2024〕5号）	对上海市高等学校勤工助学组织机构、校内勤工助学岗位设置、学校职责、勤工助学管理服务组织职责、校外勤工助学活动管理、勤工助学酬金标准及支付、法律责任等方面进行了明确界定

如上所述，20世纪90年代的勤工助学的初衷是通过参加劳动的方式，减轻家庭经济困难学生的经济压力，以补充其学习和生活费用。随着《关于进一步做好高等学校勤工助学工作意见的通知》的发布，勤工助学工作的配套措施相继建立，包括学校需要指定必要的人员和机构专门负责勤工助学工作，保证组织落实并健全相应的规章制度，建立勤工助学基金，强

调高校勤工助学工作的“育人”功能等。勤工助学逐渐形成了一套完整的政策法规、管理办法和实施方案。2018年修订的《高等学校勤工助学管理办法（2018年修订）》，更是将勤工助学的育人功能提到新高度，提出“勤工助学是实现全程育人、全方位育人的有效平台”，要求“培养学生热爱劳动、自强不息、创新创业的奋斗精神，增强学生综合素质，充分发挥勤工助学育人功能”。2021年出台的《高等学校国际学生勤工助学管理办法》将国际学生纳入参加勤工助学的群体范围。2024年上海市相关部门印发的《上海市高等学校勤工助学管理办法》，体现了勤工助学在新形势、新需要下与社会发展相适应相融合的特征。

以上勤工助学工作发展的历史脉络显示，勤工助学在不同的历史时期，为国家发展、经济及教育进步，培养了不同层次的人才。尽管不同时期勤工助学的内涵有所不同，但支持学生完成学业、教育育人、扶助学生发展的核心价值始终没有改变。勤工助学在其适应教育发展的同时，在不同时期对教育实践进行了补充，在缓解家庭经济困难学生生活压力方面，起到了积极的作用。而且，勤工助学教育发展功能的重要性正不断被强调。

二、高校学生勤工助学资助情况

根据全国学生资助管理中心2013年以来发布的《中国学生资助发展报告》公开数据，在整体学生资助资金支出费用的构成中，勤工助学与奖助学金、国家助学贷款资金相比，位列第四项最高支出。2013年，勤工助学315.21万人次，资助金额23.44亿元，占资助总额的4.08%；[①]2014年，勤

① 中华人民共和国教育部.2013年中国学生资助发展报告[EB/OL].（2014-08-26）[2024-09-12].http：//www.moe.gov.cn/jyb_xwfb/xw_fbh/moe_2069/s7861/s8279/s8280/201408/t20140826_174178.html.

工助学323.56万人次，资助金额24.57亿元，占资助总额的3.43%；[①]2015年，勤工助学328.85万人次，资助金额24.20亿元；[②]2016年，政府、高校及社会三方勤工助学374.34万人次，资助金额22.82亿元；[③]2017年，勤工助学361.91万人次，资助金额25.98亿元；[④]2018年，勤工助学396.80万人次，资助金额31亿元；[⑤]2019年，勤工助学411.34万人次，资助金额34.50亿元。[⑥]2013—2019年，虽然不同年度的受资助学生总人数有上下浮动，但各个年度均超300万人次。每年资助总金额数目均在20亿元以上，除个别年度略有下降之外，总体上保持了增长趋势。从全国学生资助管理中心公开发布的数据来看，2020—2022年，勤工助学人次和资助金额有所下降，可能是受到了新冠疫情和经济下行的影响。2020年，勤工助学105.73万人次，资助金额8.55亿元；[⑦]2021年勤工助学126.91万人次，资助金额13.72亿元；[⑧]2022年勤工助学140.93万人次，资助金额13.80亿元。[⑨]

① 中国政府网.2014年中国学生资助发展报告[EB/OL].（2015-08-18）[2024-09-12].https：//www.gov.cn/xinwen/2015-08/18/content_2914619.htm.

② 中国政府网.2015年中国学生资助发展报告[EB/OL].（2016-09-01）[2024-09-12].https：//www.gov.cn/xinwen/2016-09/01/content_5104356.htm.

③ 中华人民共和国教育部.2016年中国学生资助发展报告[EB/OL].（2017-02-28）[2024-09-12].http：//www.moe.gov.cn/jyb_xwfb/xw_fbh/moe_2069/xwfbh_2017n/xwfb_170228/170228_sfcl/201702/t20170228_297543.html.

④ 中华人民共和国教育部.2017年中国学生资助发展报告[EB/OL].（2018-03-01）[2024-09-12]http：//www.moe.gov.cn/jyb_xwfb/xw_fbh/moe_2069/xwfbh_2018n/xwfb_20180301/sfcl/201803/t20180301_328216.html.

⑤ 人民网.2018年中国学生资助发展报告[EB/OL].（2019-03-11）[2024-09-12].http：//gongyi.people.com.cn/n1/2019/0311/c151132-30968568.html.

⑥ 人民网.2019年中国学生资助发展报告[EB/OL].（2010-05-21）[2024-09-12].http：//jl.people.com.cn/n2/2020/0521/c349771-34032651-2.html.

⑦ 人民网.2020年中国学生资助发展报告[EB/OL].（2021-09-16）[2024-09-12].http：//edu.people.com.cn/n1/2021/0916/c1006-32228329.html.

⑧ 人民网.2021年中国学生资助发展报告[EB/OL].（2022-08-28）[2024-09-12].http：//edu.people.com.cn/n1/2022/0828/c1006-32513070.html.

⑨ 全国学生资助管理中心.中国学生资助发展报告（2022年）[EB/OL].（2023-11-03）[2024-09-12].https：//www.xszz.edu.cn/n85/n168/c11644/content.html.

勤工助学资助对象包括专科生、本科生和研究生。如表2-2所示，2019年，普通高校勤工助学专科生98.01万人次，资助金额7.94亿元；本科生284.08万人次，资助金额17.81亿元；研究生29.25万人次，资助金额8.75亿元。[①]2020年，普通高校勤工助学专科生22.85万人次，资助金额1.91亿元；本科生79.75万人次，资助金额6.10亿元；研究生3.13万人次，资助金额0.54亿元。[②]2021年，普通高校勤工助学专科生27.43万人次，资助金额3.06亿元；本科生95.73万人次，资助金额9.79亿元；研究生3.75万人次，资助金额0.87亿元。[③]2022年普通高校勤工助学专科生37.30万人次，资助金额3.54亿元；本科生98.28万人次，资助金额9.29亿元；研究生5.35万人次，资助金额0.97亿元。[④]根据统计数据，普通高校在校大学生获得资助的人数占比最大，他们是获得勤工助学资助政策的主要群体，也是本研究的主要研究对象。

表2-2　2019—2022年高校勤工助学资助金额与人数

年份	总资助/万人次	总资助金额/亿元	专科资助/万人次	专科资助金额/亿元	本科资助/万人次	本科资助金额/亿元	研究生资助/万人次	研究生资助金额/亿元
2019	411.34	34.50	98.10	7.94	284.08	17.81	29.25	8.75
2020	105.73	8.55	22.85	1.91	79.75	6.10	3.13	0.54
2021	126.91	13.72	27.43	3.06	95.73	9.79	3.75	0.87
2022	140.93	13.80	37.30	3.54	98.28	9.29	5.35	0.97

① 人民网.2019年中国学生资助发展报告[EB/OL].（2020-05-21）[2024-09-12].http：//jl.people.com.cn/n2/2020/0521/c349771-34032651-2.html.

② 人民网.2020年中国学生资助发展报告[EB/OL].（2021-09-16）[2024-09-12].http：//edu.people.com.cn/n1/2021/0916/c1006-32228329.html.

③ 人民网.2021年中国学生资助发展报告[EB/OL].（2022-08-28）[2024-09-12].http：//edu.people.com.cn/n1/2022/0828/c1006-32513070.html.

④ 全国学生资助管理中心.中国学生资助发展报告（2022年）[EB/OL].（2023-11-03）[2024-09-12].https：//www.xszz.edu.cn/n85/n168/c11644/content.html.

三、现有勤工助学的岗位类型和特点

本研究讨论的勤工助学岗位主要是高校内部提供的教学辅助岗位，其报酬由国家财政支持、由所在高校进行管理。

（一）勤工助学的类型和岗位

勤工助学主要集中在教学助理、科研助理、行政助理和学校公共服务等主要领域。具体工作岗位和工作内容如下。

图书馆助理：进行图书整理、资料登记、借阅服务、资料归档等工作。

教学助理：协助教师准备课程教学资料、批改作业、进行课堂管理等。

科研助理：参与科研项目，协助进行实验、数据收集、文献整理等工作。

行政助理：在各个行政部门，如教务处、学生事务处等，协助处理日常行政事务。

实验室助理：在实验室中协助管理设备，进行实验准备、安全管理和卫生清洁等工作。

校园导游：为参观校园的访客提供向导服务，介绍学校的历史和设施。

语言交流伙伴：与其他国家的学生配对，互相学习对方的语言和文化。

技术支持：在信息技术部门提供技术支持，帮助解决计算机和网络问题。

学生宿舍管理员助理：协助对宿舍进行日常管理，如登记访客、检查宿舍、担任防火防盗情报员等。

校园媒体助理：参与校园网站、公众号、报纸、杂志、广播或电视台运营工作，担任编辑、记者、播音员、剪辑师等。

体育设施管理：在体育馆或运动场协助进行设施管理、活动组织等工作。

艺术和文化活动助理：协助组织校园文化活动、比赛活动、艺术展览等。

环境和绿化管理：参与校园环境美化、绿化植物养护、公共卫生健康宣传等工作。

学生事务助理：协助学生事务部门处理学生学习生活、进行相关政策咨询、开展关系矛盾调解和心理辅导等工作。

（二）勤工助学同其他资助类型的比较

与其他助学方式相比，勤工助学可以从资助方式的多样性、及时性和可持续性，对学生能力培养、申请条件、学生选择、管理成本等几个角度进行区分。勤工助学与其他助学方式各有各的优势和特点。

资助方式的多样性。除了勤工助学，高校还提供奖学金、助学金、助学贷款等多种资助方式。奖学金通常基于学生的学业成绩或特殊才能，是一次性的奖励，助学金主要面向家庭经济困难的学生经过审核定期发放，而助学贷款则为学生提供贷款以支付学费和生活费。这些都是不需要通过额外课余劳动直接得到的资金支持，只不过奖学金、助学金属于不需要偿还的福利津贴，助学贷款则要在学生毕业后开始偿还。相比之下，勤工助学金需要学生参与额外的劳动性的工作，是根据不同的工作岗位和工时获得的报酬性资金支持。

资助的及时性和可持续性。勤工助学提供了即时的经济支持，并可以在学生在校期间持续提供，而助学贷款则需要在学生毕业后开始偿还，可能会给学生带来一定的经济压力，奖学金一般是一次性的只针对少数人颁发的经济奖励，助学金则须经过家庭贫困状况审核，只针对经济贫困的家庭学生给予无偿资助。

对学生能力培养的影响。勤工助学不仅对大学生提供经济支持，还帮助其树立劳动观念，通过工作实践积累经验，提升其社会适应性、职业能力和社会实践能力。相比之下，纯粹的经济资助如助学金和助学贷款则更侧重于直接解决学生的生活所需，而不直接提供适应性的能力培养。

学校的管理成本和违约风险。勤工助学的管理成本相对较低，因为它通常由学校内部组织和管理。而助学贷款则涉及贷款的发放、管理和回收，可能会有更高的管理成本和违约风险。助学贷款具有公益投资的性质，所以，需要在毕业后进行偿还。

覆盖面和申请条件。勤工助学通常面向所有在校学生，遵循家庭经济困难的学生优先选择的原则，而奖学金会有学业成绩的申请条件和资格限制，助学金会有更多家庭经济情况的申请条件和资格限制。

勤工助学在培养学生自立自强精神的同时，也可能受到一些学生和家长的观念影响。另外，与在校外打零工相比，勤工助学的报酬相对较低，所以，学生或许会选择报酬更多的校外兼职，但是校外兼职常常会影响到学业。

（三）勤工助学的特点

一是教育与实践相结合，勤工助学不仅帮助学生解决经济问题，还能让学生在实践中学习，提高自身的职业技能和工作能力。二是业余时间灵活，勤工助学的工作时间通常安排在课余时间，不会影响学生的正常学习。三是岗位多样，勤工助学的岗位种类多样，可以是图书馆管理员、实验室助理、行政助理、校园导游等，在一定空间满足不同学生的兴趣和能力需求。四是经济补助，通过勤工助学，学生可获得一定的经济收入，减轻自身经济压力，有助于顺利完成学业。五是培养学生责任感，参与勤工助学虽然门槛不高，但要求学生对自己的工作认真负责，这有助于培养他们的责任感和自我管理能力。六是增进社会交往，勤工助学提供了与同学、老师以及校外人员交流的机会，有助于学生扩大社交圈，提高其沟通和人际交往能力。七是自我成长，通过工作，学生可以学到课堂之外的知识，提升自我，增强自信心。八是公平性，勤工助学通常面向所有经济困难的学生，通过申请和选拔程序，确保机会的公平性。九是可持续性，勤工助学是一种长期的助学方式，学生可以在大学期间持续参与，获得持续的经济支持和能力提升。十是政策支持，许多国家和地区的教育部门和高校都有相应的政策支持勤工助学，确保其顺利实施。

目前，高校的勤工助学不包含学校在教学计划内的实践和实习活动，也不包含在校外的个人兼职打工。除此之外，尽管也有校外勤工助学活动，但这种由学校管理校外单位的勤工助学形式很少。因此，如上所述，本研究是针对在高校内部提供工作岗位的、其报酬由国家财政支持的、由所在高校进行直接管理的勤工助学学生的评价性反馈。

第三章　勤工助学的文献研究

勤工助学是我国高等教育资助体系中的一个类别，对于不同国家的相关研究而言，命名方式未必一致。因此，研究将国外高校中通过校内兼职方式获取劳动报酬的活动，可视为与勤工助学等同的概念。通过对国外相关文献的搜索，本章主要介绍美国和澳大利亚的勤工助学情况，因为这两个国家的勤工助学政策各有侧重且具有一定的代表性。国内对勤工助学的研究一般以实践活动为基础，多由图书馆勤工助学入手，从探讨勤工助学的现状、管理模式、体系完善问题，过渡到对勤工助学育人的研究。上述研究符合对实践活动的认知过程。但是，关于勤工助学对学生发展的研究却非常少，尤其由客观的描述性研究向更深入的主观效果研究，即对学生发展的量化研究更为缺乏。

一、国外具有代表性的勤工助学政策

国外勤工助学有不同的名称，不同国家对勤工助学的定位、财政支持和管理差别也很大，现以美国和澳大利亚为例来谈。

美国的“联邦工读”（Federal Work-Study，FWS）与勤工助学相似，是联邦计划的一部分。联邦计划是美国资助政策的来源之一，与其他四个方面（国家赠款计划、学院授予、私人和雇主计划、非联邦贷款）的资金共同构成美国教育资助政策的资金来源。1965年通过的“高等教育法案”，确立了联邦政府作为大学财政援助的主要提供者。此后，联邦政府对学生的财政援助计划规模不断扩大，体现出形式多样、范围广泛的特点。在“高等教育法案”通过的近50年中，大学入学率增长显著，从1971—1972年的620万人增长到2010—2011年的1420万人，对每个学生的平均援助从3437美元增长到12455美元。

美国教育部网站有关于联邦工读的介绍。联邦工读为参加兼职的学生提供资金，以帮助其完成学业。学生可以从3400所教育机构获得联邦工读的资金，每小时收入不得低于联邦的最低工资。参与联邦工读的机构每年通过向美国教育部提交财务运营报告（Fiscal Operations Report）以申请FWS资金。多数情况下，学校或者雇主需要支付50%的学生FWS工资。学生可以受雇于教育机构本身、联邦、州或地方公共机构、私营非营利组织、私人营利机构。而这些机构必须保证计划7%的工作量用于学生从事社区服务工作，如工作为学龄前儿童或小学生的阅读老师、小学到九年级学生的数学老师、家庭扫盲项目中的识字辅导员等。目前，学生若申请FWS援助，必须通过网络申请并填写表格——联邦学生援助申请表（Free Application for Federal Student Aid，FAFSA）。

针对联邦计划的研究资料很多，但是对具体的联邦工读研究数量较少。针对俄亥俄州参与联邦工读的学生的研究结果表明：参与联邦工读对平均学分绩点（Grade Point Average，GPA）有小的负面影响（Stinebrickner，2003；DeSimone，2008；Scott-Clayton，2011；Dadger，2012）；学生可能会获得目前没有的劳动力市场技能，若FWS能够帮助学生获得此技能，联邦工读将成为一个有吸引力的政策选项（Adela Soliz & Bridget Terry Long，2014）；等等。

哥伦比亚大学的一项研究简报表明，FWS能够影响学生的学术水平和就业成果：FWS似乎降低了参与者第一年的GPA，但对完成学士学位可能没有影响，参与者比非参与者完成本科学位的可能性高3%。参加FWS的学生比未接受的学生在6年后就业的可能性高3%（Scott-Clayton，

2015）。调查显示，2010—2012年间，只有16.4%的家庭收入低于20000美元的学生获得了FWS的援助，而8.2%的家庭收入超过100000美元的学生也获得了FWS援助。因此，FWS政策需要更新，应该为低收入学生提供可负担的高等教育和工作经验。建议实施新的公平份额方式，倾向低收入学生；学生所申请的职位必须与学生的学习目标（课程）相关，并达到最大可行程度（Rory O’Sullivan & Reid Setzer，2014）。

澳大利亚的“工学结合”（Work-Integrated learning，WIL）与勤工助学的意思相近，但与美国不同的是，WIL的定位不是政府层面的教育资助政策，而是一种教育实践选择。20世纪60年代起，澳大利亚的高等教育开始从精英立场向大众转变，高等教育开始实施公平的改善方案。政府寻求一种新的教育项目能够对社会、经济和环境产生可持续的影响，同时解决就业市场技能短缺、专业实践差的问题。个别高等教育机构修订了他们的政策和学习计划，设置与区域和社区需求技能相关的课程，学生通过参与式学习获得持续的收入，实现了在工作场所理论和实践的结合。由此，高等教育缓慢地承认了它有责任了解学生在工作场所和社区学习中的需求，并认识到工作场所和社区作为教育合作伙伴的重要性，在这种氛围下，WIL应运而生（Lesley Cooper，2010）。

但值得指出的是，WIL的管理不隶属于大学制度或领导层，它由学科和学术部门具体计划协调，这意味着WIL不会出现在大学的基本政策中，且不同机构的管理质量各不相同（Janice Orrell，2005）。澳大利亚联邦政府对WIL的重视开始于2001年，但联邦政府却减少了对大学的课程资助资金，认为工作场所的教师并不是大学教职员工。此举忽略了教职员工在筛选工作场所、监督学生、整合学生经验、评估学生成果等方面的付出。但仍然有越来越多的一般职业性课程采用WIL的方式进行必修或选修的设置，如医学、商业、环境管理、社区保健、旅游等专业（Lesley

Cooper，2010）。[①]

在澳大利亚，WIL因与学生就业和学生能力提升相连而受到政府、学生和公司的广泛欢迎，WIL项目的一个主要优点是提高了学生的就业能力，且在澳大利亚的语境下，WIL常常与本科会计学习相关联（Indra Abeysekera，2006）。有学者分析WIL为学生提供了认识它们所在行业的机会，如学习酒店管理专业的学生，在工作中获得了对未来职业生涯做准备的能力，并获得相关的技能和能力价值（Hughes Karen & Aliisa Mylonas，2013）。[②]WIL被广泛地认为有助于为毕业生提供所需要的就业能力，对其评估主要以成果为中心，从学术和专业层面讨论“工学结合”的问题很重要（Denise Jackson，2015）。[③]

从上述对美国和澳大利亚勤工助学情况的简述可以看到，两个国家对勤工助学的定位、财政支持和管理差别很大。美国将“联邦工读”（FWS）视为联邦计划的一部分，作为教育资助政策的一部分，由教育部和高校共同出资承担。教育机构自行决定是否申请FWS计划，具有非强制性特点，且参加的学生也需要通过网络申请。FWS还部分与社区服务相关联，即美国教育部在制度设计时考虑到了高等教育对初等教育的反哺作用。另外，研究表明，即使没有申请到FWS资助，多数学生依然会参加社区服务或兼职。这在某种程度上体现了其教育体制强调能力教育，重视就业能力培养的特点。

澳大利亚的“工学结合”（WIL）则与教育资助政策关系不大，其对WIL的提倡可更多地理解为一种广泛的课程安排。澳大利亚政府通过对

---

① COOPER L，ORRELL J，BOWDEN M. Work integrated learning：a guide to effective practice[J]. Vocations and learning，2011（4）：85–88.

② HUGHES K，MYLONAS A，BENCKENDORFF P. Students' reflections on industry placement：comparing four undergraduate work integrated learning streams[J]. Asia–Pacific journal of cooperative education，2013，14（4）：265–279.

③ JACKSON D. Employability skill development in work–integrated learning：barriers and best practice[J]. Studies in higher education，2015，40（2）：350–367.

WIL的提倡，解决就业市场技能短缺、专业实践差的现状，且管理WIL的具体部门是学校具体的学科和学术部门，这些部门主动与就业市场联系，并监督评估学生参加项目的反馈和能力提升。WIL更像是一种职业教育，在与实践联系紧密的专业更受欢迎，也有学者建议研究WIL对学术专业的影响。

二、中国勤工助学研究情况

国内关于勤工助学的研究主要集中于各类期刊，或存在于研究高校资助类问题的书籍中，有少量单独以勤工助学为主题的书籍。本部分力求全面反映国内关于勤工助学的研究内容。在中国知网（CNKI）数据库中以“勤工助学”为主题搜索，截至2024年8月，共有4376条相关研究记录。记录显示，从1985年开始，每年都有稳定的研究输出，且随着国家对勤工助学政策的变化，如在政府出台有关勤工助学政策时间节点（1993年、2005年、2007年、2018年）之后，学者对勤工助学的研究数量都有不同幅度的上升。研究主要集中在实践层面，尤其是负责勤工助学工作的高校工作人员对这一问题思考较多，包括勤工助学的现状研究、比较研究、管理模式、体系建设，特别是对图书馆勤工助学及勤工助学育人等方面的研究较多。

（一）关于图书馆勤工助学的研究

在勤工助学的研究文献中，关于图书馆勤工助学内容的数量最大，包括图书馆勤工助学的各个方面，如图书馆勤工助学存在的问题、对学生的影响、管理方法、与图书馆工作的关系、各高校图书馆勤工助学的案例等。也有探讨勤工助学工作对大学生素质教育的意义及对图书馆发展的促进作用，高校勤工助学的管理运作机制（梁克可，2005）。①

---

① 梁克可. 高校图书馆勤工助学工作的实践与探索[J]. 高等工程教育研究，2006（1）：49-52.

学者根据不同高校图书馆勤工助学的开展情况，结合本校经验，给予具体的建议。例如，贵州大学图书馆勤工助学工作使图书馆和学生互相受益：贫困生缓解了经济压力并得到锻炼，有效弥补了图书馆工作人员的不足，且有利于图书馆与读者之间的沟通。研究者认为，图书馆工作人员需要做到认真把关、专人管理、员工带头、发挥学生特长，才能做好图书馆勤工助学的管理工作（张亚军，2005）。[①] 清华大学图书馆认可参与勤工助学的学生对图书馆提高服务能力起到的积极作用，认为勤工助学工作应采用科学管理的理念，提出把勤工助学工作建成大学生自我教育的重要课堂（庄玫、刘春红，2009）。[②] 针对广东外语艺术职业学院图书馆的调查研究发现，图书馆勤工助学工作发挥了大学生的人才优势、激发了学生的学习动力、培养了学生的吃苦和奉献精神、促进了学生的人际交往能力。对开发图书馆人力资源、发现并满足用户需求、开展有针对性的活动、创新服务模式及提高服务水平具有重要的意义（丘莉莉，2009）。[③]

对高校图书馆勤工助学工作的现状和问题的分析、解决方案的探讨，是研究图书馆勤工助学工作的重点。例如，参加高校图书馆勤工助学的学生稳定性差，图书馆存在管理不规范、馆员惰性强的问题。如果在规范招募程序、设立岗前培训、建立勤工助学档案、发挥工作人员模范作用、采用激励机制几方面努力，就能够提高图书馆勤工助学工作的效率（张军，2010）。[④] 图书馆勤工助学存在缺乏科学管理、政策法规空白、参加学生心理素质太差的问题。若将高校图书馆勤工助学工作纳入图书馆发展战略，加强学生培训，提升勤工助学工作技术含量，就可达到图书馆和学生

① 张亚军. 对勤工助学学生参与图书馆管理的思考[J]. 图书馆论坛，2005，25（2）：153-154.

② 庄玫，刘春红. 图书馆的特殊“馆员”：试论清华大学图书馆勤工助学工作[J]. 高校图书馆工作，2009，29（5）：88-90.

③ 丘莉莉. 高校图书馆勤工助学的实践与思考[J]. 图书馆，2009（3）：121-122.

④ 张军. 高校图书馆勤工助学管理工作探究[J]. 高校图书馆工作，2010，30（4）：93-94.

双赢的目的（陈若乒，2011）。[①] 对山西省部分高校勤工助学的调查研究显示，部分高校图书馆对勤工助学工作重视程度不足、功能定位不准、管理体制不健全，因此需推动“勤工促学”定位的转变，从工作规划、岗位开发、学生招募、组织管理、考核激励等方面健全管理制度（段鹏莉等，2024）。[②]

对图书馆勤工助学工作的研究多体现在以上方面，不同高校在采取多样化方法的同时不可避免地产生一些共性问题。此类文献也多在实践的基础上探讨图书馆勤工助学工作的各个方面，并针对问题提出解决方案和建议，但文章的同质性较强，针对具体问题的研究相对不够深入。

（二）关于勤工助学现状的研究

学者对勤工助学现状及问题的研究体现在不同层次上，既有相对宏观层面的勤工助学政策现状及所存在问题的解决研究，也有以具体学校为例或针对具体类型勤工助学情况的调查研究。

有研究者从勤工助学的历史发展角度，分析勤工助学以教育与生产相结合的发展过程（罗建国，2003）。[③] 有学者认为高校勤工助学的现状主要体现在助学岗位供不应求、勤工助学活动层次低、学生对勤工助学活动认识度不高、高校部门对勤工助学活动难以达成共识（陈月文，2004）。[④] 另外，高校勤工助学管理体制存在不健全、基金来源单一且不足的问题（陈巍巍，2010）。[⑤] 以北京农业职业学院为例的高职院校勤工

---

① 陈若乒. 我国高校图书馆勤工助学研究现状与发展趋势[J]. 图书馆建设，2011（12）：86–89.

② 段鹏莉，边凡笑，李荣晖.关于高校图书馆勤工助学工作的调查研究：基于对山西省部分高校学生的问卷与访谈[J].中北大学学报（社会科学版），2024，40（1）：135–140.

③ 罗建国. 勤工助学的历史考察及现状分析[J]. 湖南师范大学教育科学学报，2003，2（2）：15–17.

④ 陈月文. 当前高校勤工助学活动的现状与对策[J]. 中山大学学报论丛，2004，24（2）：303–307.

⑤ 陈巍巍. 高校勤工助学现状与对策研究[J]. 上海工程技术大学教育研究，2010（1）：58–61.

助学研究表明，勤工助学中存在岗位定位和职责不够清晰、部分岗位的管理教师疏于管理、岗位类别单一的问题（蔡乐等，2023）。[①]

多数勤工助学岗位集中在校内，缺乏与校外企业的联盟；高校勤工助学专职教师数量少（姜旭萍等，2009）。[②]以西华大学为例，勤工助学岗位难以结合学生所学专业知识，缺乏自主造血的功能（罗开春，2009）。[③]以江西农业大学、江西师范大学及华东交通大学为样本开展的调查研究显示，由于政策、高校、社会、学生在勤工助学中扮演不同角色，不同学校勤工助学工作各具特色，勤工助学模式有多样化的特点（朱晓东，2011）。[④]一项针对华南农业大学资助政策态度的调查分析显示，接受过资助的学生中，参加过勤工助学的学生比例高达32%，在各项资助体系中惠及率最高。这种“自己养活自己”的设计强化了付出有收获的概念，贫困生最愿意接受（刘信洪，2016）。[⑤]

（三）关于勤工助学管理工作及模式研究

研究者从勤工助学的管理手段和基础出发，从宏观上说明勤工助学管理需要注意的事项和遵循的原则。大学生勤工助学管理机制建设，需要从组织机构、实践基地、管理手段、监控机制、岗位建设、心理教育等六个方面进行全面综合的规划和治理（王为，2006）。[⑥]大学生勤工助学管理创新需要坚持“学生为本”“教育性、社会性、经济性相统一”的原则，建立专门的管理机构，以促进勤工助学工作的科学化和制度化（石军，

---

① 蔡乐，周迪.高职院校勤工助学现状调研与思考：以北京农业职业学院为例[J].北京农业职业学院学报，2023，37（4）：82–88.

② 姜旭萍，肖迪明，程勋.勤工助学在大学生资助体系中的作用[J].当代经济，2009（5）：114–115.

③ 罗开春.当前高校勤工助学的困境及对策研究：以西华大学勤工助学现状为例[J].高等教育研究，2009，26（4）：68–70.

④ 朱晓东.高校勤工助学现状与改革研究[D].南昌：江西农业大学，2011.

⑤ 刘信洪.大学生对国家资助政策态度的调查分析[J].高教探索，2016（12）：106–110.

⑥ 王为.论新时期大学生勤工助学管理机制建设[J].科技创业月刊，2006，19（4）：118–119.

2007）。[①] 勤工助学管理工作中存在高校对勤工助学重要性认识不足、岗位数量不足、学生自力更生精神不足等问题，应该采取健全管理机构、拓展校内外勤工助学岗位、加强劳动教育等措施（周丽，2021）。[②]

也有研究者从信息管理系统的角度，将狭义的高校勤工助学管理过程模块化，引入计算机信息管理技术对原有的勤工助学纸质文档管理方式进行了业务流程优化。《基于Internet/Intranet的高校学生勤工助学管理系统的实现》分析了勤工助学管理系统的功能和特点及管理系统的具体设计方案。尤其是对系统的结构设计、模块、数据库、安全保密设计等方面给予了详细的说明（沈延兵等，2004）。[③] 部分论文依据管理权限将系统分为管理员操作模块、学生操作模块，具体包括值班安排、工作安排、月度考核、薪酬计算、学生考勤等方面（宋华斌，2011）。[④] 利用信息技术开发勤工助学系统，可以实现勤工助学的岗位匹配、过程性评价、学分认定、补贴发放等多项功能（刘立霞等，2022）。[⑤]《基于访问控制策略库的勤工助学管理系统》（付永伟，2012）[⑥]、《基于Web的勤工助学管理系统的设计与实现》（于媛，2014）[⑦]、《贵州师范学院勤工助学管理系统研究与分析》（曾珍，2015）[⑧] 也做了类似的研究。

（四）关于勤工助学体系完善的讨论

关于勤工助学体系的研究一般是以勤工助学管理为基础，分析勤工助

---

① 石军. 大学生勤工助学管理理论与实践研究[D]. 长沙：湖南师范业大学，2007.

② 周丽. 有关高校勤工助学管理工作中若干问题探究[J]. 教育教学论坛，2021（46）：53–56.

③ 沈延兵，江华，金健美，等. 基于 Internet/Intranet 的高校学生勤工助学管理系统的实现[J]. 教育信息化，2004（6）：25–27.

④ 宋华斌. 勤工助学管理系统的设计与实现[J]. 科技资讯，2011（6）：226–226.

⑤ 刘立霞，向珍，钟石根，等. 一种基于"四合"理念的勤工助学系统设计[J]. 中国科技信息，2022（8）：86–89.

⑥ 付永伟. 基于访问控制策略库的勤工助学管理系统[D]. 太原：太原理工大学，2012.

⑦ 于媛. 基于 Web 的勤工助学管理系统的设计与实现[D]. 西安：西安工业大学，2014.

⑧ 曾珍. 贵州师范学院勤工助学管理系统研究与分析[D]. 昆明：云南大学，2015.

学现有的问题，提升可改善的空间以达到系统相对完善。具体包括学校领导重视、长远规划管理、拓展岗位并建立基地、注重宣传等措施（黄映芳，2003）。[①] 完善勤工助学的体系需要从以下几个方面做起：规范勤工助学的制度，促进勤工助学工作的信息化和网络化，将勤工助学与学生专业有效结合，注重勤工助学的实体建设（张雪峰，2011）。[②] 从勤工助学管理的合理性、勤工助学岗位的创新性、维护合法权益的必要性角度出发，分析勤工助学体系需要完善的地方（丁媛媛，2013）。[③]

另外，应该针对不同的勤工助学学生主体提出不同的解决方案。比如，现有贫困生勤工助学体系不完善的原因在于贫困生自身、学校、社会三方面都存在问题。研究者从以下几方面给出建议：树立以勤工助学为主导资助方向的指导思想；健全机构和规范制度、完善高等教育立法；多方向筹集勤工助学资金并增加勤工助学渠道，建立勤工助学信息网，促进学生、学校与社会三方联系；实行弹性学分制提供宽松的勤工助学环境；推动勤工助学的基地化和产业化；提升对贫困生的教育和引导力度（张艳萍，2004）。[④] 合理设计勤工助学学生助理的发展路径，在角色认同的基础上提升教师对学生的工作支持、参加勤工助学的学生之间的人际支持（曾汶婷，2022）[⑤]。参与勤工助学的研究生群体，与本科生群体略有区别，应从研究生群体自身特点出发，完善研究生勤工助学制度，提高勤工助学的“学术”含量；在校外争取更多的勤工助学岗位；组织学生交流经验，扩大勤工助学的范围；建立专门的网站，规范信息并动态管理（徐清才等，

---

① 黄映芳，唐丽珍，王幼芳．加强勤工助学 完善贫困生资助体系[J]. 中国成人教育，2003（7）：48–48.

② 张雪峰．健全大学生勤工助学体系强化高校勤工助学育人功能[J]. 商业经济，2011（24）：78–80.

③ 丁媛媛，刘巧玲．勤工助学体系完善与育人功能发挥的思考[J]. 教育与职业，2012（36）：178–179.

④ 张艳萍．高校贫困生勤工助学体系构建研究[D]. 重庆：西南师范大学，2004.

⑤ 曾汶婷．基于角色认同的高校勤工助学学生助理发展路径研究[J]. 高等教育研究学报，2022，45（4）：32–37.

2005）。[①]

（五）关于勤工助学的育人功能

勤工助学的育人功能既可以理解为是勤工助学工作开展的目标，也可以理解为是勤工助学开展的客观结果，研究者的研究多集中在如何把这一目标通过有效的方式，达到育人的结果，提出勤工助学除具有解困助学的经济功能之外，还有“实践课堂”的育人功能。勤工助学对学生有学识上的补充作用，能够弥补其知识结构并拓展知识领域；勤工助学有助于培养学生的生活能力、自我发展的设计能力、社交能力等；勤工助学还可达到锤炼学生思想的目的（牛京平，2002）。[②] 可运用发展性资助的协同模式，挖掘勤工助学在“三全育人”中的载体功能（屈娜，2019）[③]。

认为高校勤工助学对学生的育人作用主要体现在：有助于学生世界观的形成；提升文化素质和养成良好的道德修养；提升学生心理健康水平（薛浩，2004）。[④] 主张勤工助学活动应当由经济解困向解困育人并举发展，由贫困生向全体学生发展，向多样化、专业型发展，由个体自发向集体组织、由校内向校外发展（陈道华，2005）。[⑤] 强调应该从育人的角度来发展勤工助学，探索适合学生健康成长的勤工助学模式，坚持“以人为本、服务学生”的工作理念，关注经济贫困的同时注重培养学生摆脱精神贫困（李靖茂等，2005）。[⑥] 从坚持“三全育人”、提供全面保障、强化精细管理、与教学科研及创新创业教育通力合作等方面改进勤工助学（刘冰，2021）。[⑦]

---

① 徐清才，赵小芳. 掌握研究生特点完善研究生勤工助学体系[J]. 前沿，2005（10）：189–190.

② 牛京平. 浅谈勤工助学的育人功能[J]. 教育发展研究，2002（3）：77–78.

③ 屈娜. 发展性资助视角下高校勤工助学运行机制研究：基于首都11所高校的调查[J]. 北京教育（高教），2019（11）：27–30.

④ 薛浩. 高校勤工助学工作的育人功能[J]. 江苏高教，2004（2）：113–114.

⑤ 陈道华. 论新时期大学生勤工助学活动的发展路径[J]. 高教探索，2005（4）：92–94.

⑥ 李靖茂，符志刚，邱伟青. 高校勤工助学育人模式探讨[J]. 南方论刊，2005（4）：60–61.

⑦ 刘冰. 以勤工助学为载体的大学生劳动教育探析[J]. 中国多媒体与网络教学学报（上旬刊），2021（6）：131–133.

认为勤工助学的育人功能主要体现在：帮助学生调整知识结构、认识了解社会，在实践中磨砺意志，提高能力。勤工助学对大学生特别是贫困生的成长和心理教育有重要作用（李国章等，2007）。[①] 提出实现勤工助学育人功能的新路径，坚持“育人为本”的勤工助学理念，引导贫困生自立自强并提倡典型示范教育，将勤工助学与学生能力扶助相结合（宋冰，2010）。[②] 认为勤工助学的育人作用主要体现在对学生思想和能力方面的培养，如有助于学生形成健康的心理，增强学生自我管理的能力、人际交往的能力、职业的进取心等（黄莺，2010）。[③] 勤工助学对高校学生养成良好职业素质起到促进作用，且学校对勤工助学工作的管理监督及老师对此项工作的重视指导、学生个人对工作动机及职业理想的认知等都将对学生职业素质的养成产生主要影响（周甜甜，2020）。[④]

除以上五个方面外，也有研究对勤工助学从其他方面展开论述。如勤工助学的维权、勤工助学的社会意义等。如对完善勤工助学维权体系的重要性进行讨论，通过对参加校外勤工助学学生法律维权现状的调查，分析了勤工助学侵权的原因，提出建立维权体系可能的方法：高校应为维护勤工助学学生的权益提供强力支持；大学生应提高自我保护意识和能力；立法机构及相关行政管理部门应有效负责（陈月霄，2005）。[⑤] 认为勤工助学在社会稳定、知识拓展、经济资助、心理脱贫等方面具有复合功能（姜继红，2003）。[⑥] 说明勤工助学从体力型转向智力型的必要性和需要解决

① 李国章，赵一鹏，黄东. 论勤工助学在高校中的育人功能[J]. 教育与职业，2007（11）：180–181.

② 宋冰. 勤工助学育人功能分析及新路径[J]. 当代青年研究，2010（6）：31–34.

③ 黄莺. 试论勤工助学在高校育人环节中的重要作用[J]. 东南大学学报（哲学社会科学版），2010（S1）：195–197.

④ 周甜甜. 勤工助学中高校学生职业素质养成的过程研究[D]. 北京：中国青年政治学院，2020.

⑤ 陈月霄. 关于完善大学生勤工助学维权体系的探讨[J]. 福建农林大学学报（哲学社会科学版），2005，8（4）：60–63.

⑥ 姜继红. 大学生勤工助学的社会学思考[J]. 广西青年干部学院学报，2003，13（1）：25–27.

的问题（周海蓉，2006）。[①]

另外，也有专门针对有效勤工助学经验分享的著作和期刊论文，主要以具体高校为例介绍勤工助学工作开展的经验。例如，中山大学学生处（2007）主编的《高校学生勤工助学实用指南》从勤工助学的理念讲起，内容包括勤工助学规章、应聘、技术、心理、沟通、礼仪、操守、权益等，细致而具体地介绍了勤工助学工作涉及的方方面面。该校开展的勤工助学培训专题研究表明，大学生参加勤工助学不仅需要具备专业知识，更需要具备良好的职业道德、业务技能、心理素质和综合能力，懂得辨别信息的真伪，在遵守勤工助学规章政策的同时，懂得维护自身的合法权益。研究认为，大学生勤工助学培训应至少包括三方面内容：一是政策与规章；二是道德与心理；三是技术与方法。[②]

王志（2008）主编的《大学生勤工助学指导》总结了华东师范大学在资助工作中的探索与实践，内容包括高校学生勤工助学发展的多个方面，结合具体案例对各类型勤工助学进行了讲解，且总结了有益于实际工作的多种技巧。[③] 许国彬等（2009）以广东外语外贸大学的勤工助学模式为例，说明了创业型勤工助学模式的重要实践。学校自2003年运用勤工助学经费投资建立勤工助学实体云山咖啡屋后，之后的五年内先后创立了云山咖啡屋、云山网球俱乐部、云山健身室、云山数码港等二十多个创业型勤工助学实体。[④] 实体为学生勤工助学提供岗位近1000个，并形成了可观的经济效益，使勤工助学由“输血”转为“造血”。

综上，国内勤工助学的研究以实践活动为基础，多由图书馆勤工助学入手，从探讨勤工助学的现状、管理模式、体系完善问题，过渡到对勤工

---

① 周海蓉. 高校勤工助学应从体力型转向智力型[J]. 西南农业大学学报（社会科学版），2006（1）：199–201.

② 中山大学学生处. 高校学生勤工助学实用指南[M]. 广州：中山大学出版社，2007.

③ 王志. 大学生勤工助学指导[M]. 上海：华东师范大学出版社，2008.

④ 许国彬，杨敏生. 高校创业型勤工助学模式与其济困育人功能的研究与实践[J]. 广东外语外贸大学学报，2009，20（4）：4.

助学育人的研究。

三、关于勤工助学对学生发展的影响

关于勤工助学对学生发展影响的研究，明确将“勤工助学”和“学生发展”提炼出来的有针对性研究数量不多，但与此主题契合的类似研究，国内外关注点各有侧重，多涉及实践类活动对学生的影响。国外的校内工作与勤工助学相对应，多强调学生参与后对学生成绩、毕业等的影响。国内研究多关注于分析学生的成长和收获。

国外研究一是关注校内工作对学生成绩或GPA的影响，且有不同的发现。有学者发现参加与不参加工作对学生成绩影响无差异（Gleason，1993；Nonis & Hudson，2006），早期研究对象只包含每周工作不超过15小时的学生（Henry，1967；Kaiser & Bergen，1968），也有研究发现校内工作与学生学习成绩负相关（Callender，2008；Dadgar，2011）。还有研究发现参加工作的学生比不参加工作的学生GPA更高，但高年级的学生研究结果也可能产生偏差，因为坚持工作到高年级的学生更有可能知道如何平衡工作和学习，而平衡能力较差的学生，可能在高年级前就已经退出校内工作（Hammes & Haller，1983）。

一方面，校内工作占据了学生本可以用于学习的时间，但大学期间工作与GPA有显著的正相关，每增加一年的工作，GPA就会增加1.05分。另一方面，工作特别是在校内工作，可以帮助学生融入校园生活，这种融合是学生保持学业成绩和最终毕业的关键因素（Tinto，1993）。另外，无论在校内还是在校外工作，都有助于学生更好地理解和掌握工作方法，培养出有助于学生成功的基础（如时间管理、责任感和沟通能力），培养学生形成良好的习惯。可见，兼顾学习和工作部分取决于学生个人能力和工作时长。

二是研究校内工作对学生毕业水平的影响。校内工作对学生成绩影响有正有负，对大学生毕业情况是否有影响？研究结果表明，校内工作可能会影响学生获得学位和获得学位的时间。早些年的研究表明，校内工作两年以上会对学生产生负面影响，降低了坚持到第二年的学生按时毕业的可能性（Ehrenberg & Sherman，1987）。在大学里一直坚持工作的学生平均需要9.2个学期毕业，至少有一个学期没有工作的学生需要8.9个学期毕业（Gleason，1993）。而近些年的研究结果又呈现出不同的情况。例如，对美国中西部一所公立大学的3000名学生进行的纵向研究发现，有持续校内工作经验的学生比不工作的学生更有韧性，他们在6年内毕业的概率更大。因此，总体来看，校内工作未对学生毕业进程产生严重危害，甚至可能有利于学生顺利毕业（Beeson & Wessel，2002）。

三是探索校内兼职对学生认知发展的影响。针对23所高校的纵向调查，旨在评估大学前三年参加校内外工作对大学生认知发展的影响。通过对学生背景特征和其他经历的研究，几乎没有证据表明参加校内或校外工作对学生认知发展有抑制作用。在大学第二年，校内工作（每周不超过15小时）对科学推理的负面影响和直接影响很小，对学生的写作技巧也没有抑制，对学生的阅读理解、批判性思维有积极的影响。

四是校内工作中同伴群体对自我效能的影响。在校内工作的环境中，有大量需要同学之间相互协作的场景，同伴群体能够通过同伴之间的相互模仿学习，影响处于其中的学生的自我效能进程。通过观察与自己条件相似的人取得成功，学生容易被激励，并倾向于提高自己的效能感去完成类似的任务。如果看到与自己条件相似的人遇到失败，学生可能会重新评价自己的能力，会降低尝试同样工作的意愿。榜样的示范作用对不确定自己能力大小的学生有更大的影响力。① 同伴群体对自己行为的反应，会引起学生对自我能力的感知和反思，从而调整自己的行为，通过不断进步增强自我效能。

---

① BANDURA A. Self-efficacy：The exercise of control[M]. New York：W.H. Freeman，1997.

国内勤工助学对学生发展的影响研究多分析学生的成长和收获，分析学生通过参加勤工助学活动，获得的个人改变和提升。一是对学生品格和价值观的培养。勤工助学有助于培养学生吃苦耐劳、自力更生的品质。① 对贫困生心理健康有帮助，激发他们产生积极向上的人生信念和自强不息的精神。能够提高学生的道德修养，培养学生热爱集体、关心集体并为集体贡献力量的思想，加深学生对国家教育宗旨和教育目的的感知。② 对学生形成正确的人生观、世界观、价值观有促进作用，是学生自我教育、自我提高的过程。

二是从各方面提升了学生的个人能力。勤工助学实现了“助人”与“自助”双重目的。在为家庭经济困难的学生提供经济援助的同时，帮助他们融入校园，提高他们在校园中的自洽能力。学生在实际劳动中增强了动手能力和养成了踏实工作的作风，通过不同岗位的锻炼，学生获得各种业务技能，逐渐丰富了自己的实践能力和综合素质。在帮助学生树立个人和家庭责任观、培养自信方面，勤工助学活动发挥了重要的作用。③

三是加强了对学生的职业教育和创业教育。作为一种实践类岗位，勤工助学为学生发挥专业特长和兴趣爱好提供了平台。助力学生形成职业概念，通过人际交往能力、组织管理能力等准职业能力的提升，学生的职业规划能力、就业能力得到了锤炼。资源相对丰富的高校将勤工助学与学生创新创业政策相结合，可以为学生提供资金和技术上的支持，使之成为大学生创新创业的孵化器。④

综上，勤工助学对学生发展的影响比较零散，国外研究中有一些追踪调查类研究，但主要集中于大学生资助的整体范围，具体以校内兼职对学

---

① 徐英，李天悦.发展型资助：新时代高校学生资助发展的新维度[J].教育评论，2018(2)：23–27.

② 薛浩.高校勤工助学工作的育人功能[J].江苏高教，2004（2）：113–114.

③ 向辉，曲莎莎.挖掘育人内涵促进高校资助体系成熟化：以清华大学学生资助工作为例[J].思想教育研究，2011（12）：46–49.

④ 郝菲菲.高校勤工助学的发展及功能研究[J].教育理论与实践，2012，32（33）：12–14.

生某个方面的表现影响呈现，如兼职对学生成绩和学术表现的影响，专门研究勤工助学对学生发展影响的论文数量有限。国内研究也存在类似的问题，作为资助政策中的一个小类别，也许学者认为这一问题不足以研究，或缺乏对具体实践数据的掌握，体现对勤工助学的研究还停留在现状分析和基本情况描述的阶段，对学生的影响的研究数量更少，特别是相关的实证研究，更是屈指可数。然而，随着财政对勤工助学投入的不断加大、勤工助学资助学生范围的不断扩大，无论从政策的效果还是教育实践的评价，都应观察这一实践活动对学生的影响，从各个角度完善资助政策。因此，本研究尝试以学生自我感知报告的数据为本，通过实证研究，从理论上和逻辑上说明勤工助学对学生发展产生的影响。

四、学生发展的测量方法

学生发展是一个模糊概念，不同学者对其包含的内容和维度有不同理解，目前并无学生发展测量的普适量表。但基于高校学生参与的美国“全国大学生学习性投入调查”（National Survey of Student Engagement，NSSE）及美国“大学生就读体验调查问卷”（College Student Experiences Questionnaire，CSEQ）考虑了高校综合因素对学生的影响，落脚点在于学生发展，所以受到学界的广泛认可。

NSSE由美国皮尤慈善信托基金会发起，是一项针对四年制全美大学生学习投入和发展程度的年度调查。调查项目周期为一年，由美国印第安纳大学和全国高等教育管理系统中心共同管理。NSSE从2000年起持续至今，已成为全美最权威、信息最丰富的教育质量评估工具之一。NSSE的优点在于关注在校大学生学习的动态过程，主要围绕学生的学习和发展设计，包括学生的学习投入、学习行为，以及围绕“学”产生的与老师和同学的互动。以大学生自我报告（College Student Report，CSR）的形式，通过学生的自身感受对学生行为、学校行为、学生满意度三个向度进行评价。2007年，清华大学教育研究院在本科评估改革的背景下，通过严谨的研究对NSSE进行了本土化，形成本土化的调查工具——NSSE-China，并于2009年在全国高校试点进行调研。[①]本土化后的NSSE的调查内容整理如表3-1所示。

表3-1　NSSE-China调查指标及子量表

指标	子量表
学业挑战度	课程挑战度
	写作
	高级思维技能
主动合作的学习水平	主动学习
	合作学习
生师互动	课程内互动
	课程外互动
教育经验的丰富度	教育经验的广泛性
	信息技术
	多元性
校园环境支持度	对学生学业成功的支持
	人际环境
学生收获	通识教育方面的收获
	应用技能方面的收获

资料来源：本研究作者整理

CSEQ以学者罗伯特·C·佩斯（Robert C. Pace）的学生努力质量理论为基础，评估高校提供的教育资源和机会与学生个体努力程度相加对学生发展的影响。CSEQ在收集学生背景信息的情况下，主要调查学生三个

① 罗燕，海蒂·罗斯，岑逾豪.国际比较视野中的高等教育测量——NSSE-China工具的开发：文化适应与信度、效度报告[J].复旦教育论坛，2009，7（5）：12-18.

方面的经历：学校活动、学校环境及学生收获。2001年，北京师范大学的周作宇教授引进了CSEQ的第四版本土化版，形成“中国大学生就读经验问卷”（CCSEQ），[①] 更加适应中国文化背景下的学生发展研究，问卷分为四部分，包含信息如表3-2所示。

表3-2　CCSEQ 调查的主题部分及具体内容

主题部分	具体内容
学生背景信息	年龄、性别、专业、年级、父母受教育程度等17个问题
学生大学期间与学习有关的活动	学生图书馆工作经历、计算机及信息技术使用、课程学习活动、生师互动、利用校园设备的活动、同伴交往等13个学生行为层面的问题
学生对大学校园环境的感知	校园学术环境（强调学科、学术和智力品质的校园环境）、校园实用环境（强调课程与个人实用、发展职业与专业胜任力的校园环境）、校园人际环境（学校的人际关系氛围）等8个维度
学生收获的自我报告	社会性发展、通识能力发展、实践能力发展、科学技术能力发展4个维度

以NSSE和CSEQ为参考，也有国内学者设计出适合测量大学生发展的量表，经使用并进行多年追踪调查后产生了一定影响力。如北京大学教育学院课题组于2006开始开展的“首都高校大学生发展状况”的年度调查所使用的量表，中国人民大学中国调查与数据中心于2009年启动的“首都大学生成长追踪调查”（BCSPS）所使用的量表等。以这些调查量表和数据为基础的研究论文显示，其关注的学生发展内容与NSSE和CSEQ框架相似，不同点在于根据研究重点对学生背景、学校综合环境（包括物理环境和人际环境等）、学生发展的不同类别等指标进行区分和定义，具有一定的共性和特殊性，也为如何设计本研究关注的勤工助学对学生发展的影响量表提供了指导和参考。

① 周廷勇，周作宇.高校学生发展影响因素的探索性研究[J].复旦教育论坛，2012，10（3）：48-55，86.

第四章　勤工助学与学生发展要素关系框架

本章讨论勤工助学对大学生发展的影响，主要涉及“勤工助学”“学生发展”“自我效能”三个要素所组成的研究架构。

勤工助学是指学生在学校的组织下利用课余时间，通过劳动取得合法报酬，用于改善学习和生活条件的社会实践活动；学生发展是指学生自身通过勤工助学这样的实践活动获得的个人提升；阿尔伯特·班杜拉（Albert Bandura）的自我效能感，即认为自我效能感是个体在特定情境中对自己的某种行为能力的自信程度，相信自己有足够的能力去完成某情景中的任务。学生发展不仅取决于学生的主观能动性，某种程度上，高等教育能否提供资源和条件服务于学生发展也是非常重要的。因此，本章依据勤工助学、自我效能（为便于研究，本文视需要用“自我效能”代替“自我效能感”）与学生发展构建研究框架，说明研究思路和研究方法。

一、勤工助学、学生发展与自我效能之间的关系

讨论勤工助学对大学生发展的影响，主要涉及“勤工助学”“学生发展”“自我效能”三个要素所组成的研究架构。

（一）勤工助学

勤工助学与勤工俭学密不可分，可以说勤工助学由勤工俭学发展而来，其含义和范围随历史发展而有所变化。《现代汉语大词典》中“勤工

俭学”指“利用课余时间打工，把劳动所得作为学习、生活费用（同勤工助学）”。但查阅历史资料可知，早期的“勤工俭学”由中国近代的留法勤工俭学运动发展而来。

1908年，李石曾（同盟会员，河北保定高阳县人）招股集资，在巴黎西北郊区戈隆勃创办了“巴黎中国豆腐公司”，将中国的豆制品引入法国。为了提高工人的文化水平和工艺技能，李石曾组织豆腐公司工人夜校，实行“以工兼学”，即实验“勤工俭学”。工人们白天做工，晚上学习国文和法文，包括浅显的数理化和修身等课程。经过几年实践，1912年，李石曾、吴玉章等人在北京发起“留法俭学会”，成立留法预备学校，并送80余人赴法俭学。1915年6月，李石曾、蔡元培发起成立了以“勤于工作，俭以求学，以进劳动之智识”为宗旨的“勤工俭学会”。① 在他们的推动下，华法教育会和各种留法勤工俭学预备班在全国各地纷纷成立，留法勤工俭学运动在中国悄然兴起。

“勤工俭学”既包含了“工”又体现了“学”，结合留法勤工俭学运动的历史，早期的勤工俭学并未区分“以工为主”兼学或“以学为主”兼工，包括了“以学促工”和“以工促学”两方面的意思。本研究认为，勤工俭学源于工读结合的思想，一方面具有通过学习以掌握更好的工作技艺的含义，另一方面含有通过打工获取经济收入以实现教育学习的内容。但随着社会的发展，勤工俭学的含义有所扩展，为获得教育效果或改善教育条件而进行的经济活动，强调教育与生产劳动相结合的实践，统称为勤工俭学。

而勤工助学是学校大学生资助工作的重要组成部分，是提高学生综合素质和资助家庭经济困难学生的有效途径。《高等学校勤工助学管理办法》（2018）指出：“勤工助学是指学生在学校的组织下利用课余时间，通过劳动取得合法报酬，用于改善学习和生活条件的社会实践活动。”勤工助学

① 赵静. 留法勤工俭学运动[M]. 北京：解放军文艺出版社，2004.

的目的在于培养学生的自强自立精神，增强学生社会实践能力，并帮助学生尤其是家庭经济困难的学生顺利完成学业。

勤工助学中的“勤工”指进行劳动，“助学”有资助学习和帮助学习的意思。家庭经济困难的学生通过自己的劳动取得经济收入而资助了自己的学习，持续的经济来源不仅改善了学生的学习和生活条件，还增强了学生的自信，达到帮助学习的目的。即勤工助学包含两方面的意思：一是解决家庭经济困难学生生活中的困难。二是培养增强学生社会实践能力，提高学生的综合素质。

随着国家对高校资助对象的进一步扩大，尤其是对高校资助力度加大之后，勤工助学从为解决贫困学生的经济困难，转变为以资助贫困学生为主，发展多数大学生综合能力为辅的提高学生能力素质的实践行动。即勤工助学具有助困和育人的双重功能，在经济功能之外，开始着眼于学生的全面发展。学校作为资助方，为学生参加勤工助学提供政策和机会，学生积极主动参加“劳动”“社会实践活动”，双方形成了实践与教育相结合的统一。

因此，本研究所探讨的勤工助学是指由学校倡导的学生在课余时间内，主动自愿地通过劳动，获取报酬以补充学习生活所需的校内实践活动。高校大学生是勤工助学的主体，学生因为这一活动获得的素质和技能等方面的发展是勤工助学的结果。勤工助学如何影响了学生的发展和成长，是考察勤工助学效率的关键。文中的“勤工助学”落脚点在于对学生发展的影响及政策效果反馈。

（二）学生发展

简单地理解“发展”，是指变复杂的过程。美国学者桑福德（Sanford，1967）将发展定义为“组织变复杂的过程”，他认为发展不同于变化（指正的或负的、渐进的或递增的改变）和成长（指扩张，可能对整体功能有利或不利），是积极成长过程中个体越来越多地融入不同的经历影响。[①]

学生发展（Student development）的概念源于西方高等教育，20世纪60年代末，美国高等教育界认为，若以学生管理的思想指导学生服务，将会以权威的角色抑制学生前途，所以应以学生发展的理念形成教育的新思路。这一时期，学生发展被认为是“人的发展理论在高等教育中的应用，使教育的参与者逐步掌握复杂的发展任务，达成自我实现和自身独立”。罗杰斯（Rodgers）对学生发展的定义是：学生在参加高等教育后获得的学习成长、进步和提高发展的能力。同时，他认为学生发展也是一种哲学，一种“关心整个人发展的哲学”。学生成长也可定义为“一种发生在学生身上的积极改变”（Jones & Abes，2011）。

另外一些西方学者认为，长期以来人的发展的概念被忽略，而学生发展是其在高等教育中的具体应用，每个处于发展阶段的人都面临不断增加的发展任务，以实现自己的人生目标，获得个人独立。而学生发展研究是探索学生个体的成长与发展规律，从对学生个体某一方面发展转向对学生全面发展规律的研究。以学生发展概念为核心，逐渐延伸拓展出学生发展理论。

国内关于学生发展的研究并未理论体系化，学者对学生发展的定义取向也有所不同。一是强调全面发展取向。认为学生发展是学生成长、成才与成熟的过程，是学生通过教育获得的不同于个体身体（肉体）上的思想与精神（观念、情感、态度、价值观等）在个体间的传递与流通。学生在德、智、体等方面和一生中不同时期全面、优化发展，是教育经济学研究的基本范畴（胡弼成，2005）。[②]二是关注学生发展分类。认为学生发展由学习性发展和社会性发展构成。其中，学习性发展包括专业素质、认知思维、创新能力三方面，社会性发展包括道德情感和社会责任两方面（朱

① SANFORD N. Where colleges fail：a study of the student as a person[M]. San Francisco：Jossey-Bass Publishers，1967.

② 胡弼成.学生发展：个体教育经济学的基本范畴[J].教育研究，2005（5）：15-20.

红等，2011）。[①] 三是过程–结果分析导向。认为大学生的成长发展不是一个单一过程，而是一个由内在矛盾运动和外在影响因素相互影响、相互制约的过程。[②] 应把学生发展定义为学生在接受高等教育的过程中取得的一系列（而不是一种）积极成果（孙汭睿等，2010）。[③]

本研究将学生发展定义为：学生在参加高等教育后获得的学习成长、进步和能力的全面提高，且学校的教育过程是促进学生发展的必要条件。即在高等教育背景下，学生发展不仅取决于学生的主观能动性，学生自身通过学习和实践活动获得的个人提升，也取决于高校在多大程度上将“学生个人发展的哲学”作为高等教育发展的目标。某种程度上，高等教育能否提供资源和条件服务于学生发展，是提升学生发展整体水平的重要因素。因此，本研究在此基础上，探究勤工助学作为高校实践活动对学生发展的影响，并分析高校在提升学生发展中可以做些什么。

（三）自我效能

自我效能是一个复合词，从字面上理解是一种将自我与效能叠加起来的感受。拆分开来，《现代汉语词典》中的“自我”指人对自身的认识和把握，“效能”指事物所蕴藏的有利的作用，如提高新机器的效能。简单将两者相加，就是个体自身对自我拥有力量的感觉。而追溯起源，作为一个专有名词是由美国当代心理学家班杜拉在其1977年发表的论文《自我效能：关于行为变化的综合理论》中首次提出。[④] 班杜拉将自我效能定义为：“个体在面对特殊情景下，对如何才能有效开展行动方案的判断与信

① 朱红，李雪凝.我国高校学生工作与学生发展的关联性：实证研究发现了什么[J].高等教育研究，2011，32（8）：79–85.

② 杨晓慧.当代大学生成长规律研究[M].北京：人民出版社，2010.

③ 孙汭睿，丁小浩.大学生课外参与投入的适度性研究[J].大学教育科学，2010（6）：53–61.

④ 汤明.创业自我效能感与创业意向关系研究[D].长沙：中南大学，2009：12.

念。”[①]可见，自我效能不关心个体的能力，而关心个体能否用他所拥有的能力达到目的的判断。

班杜拉提出影响个体自我效能的因素有四个：一是个体的直接经验，过去的成功容易建立高效能，失败的经验会降低效能。能够保存下来的自我效能通常需要通过认知的、行为的及自我调节的考验。二是经由观察榜样而获得的替代性体验，表现为认为自己可能通过努力获得与自己相似的榜样的成功经验。三是言语说服是提高个人自我效能的重要因素。指用语言说服鼓励他人提升效能，但不仅需要正面经验还要尽量避免构建负面情境。四是自我效能部分依赖于生理及情绪状态。正面情绪可加强自我效能，可以通过提高身体状态，减少紧张、负面情绪的方式，增强自我效能。

此后，有关这一概念一直处于不断发展完善中。我国学者郭本禹等在《自我效能理论及其应用》[②]中指出，自我效能是学生具有成功完成某一特定学习任务的能力判断，它包含三层意思：第一，自我效能是对达到某种表现水平的预期，发生在活动之前；第二，自我效能是对某具体活动的能力觉知，与能力的自我概念不同。例如，某学生有较好的实践能力的自我概念，认为自己实践能力很强，但不代表学生对某一项具体实践活动有较好的自我效能；第三，自我效能是学生自我的主观判断，不代表实际结果。[③]它不是指个体拥有的实际能力或技能，而指个体对技能或能力做怎样的判断，不是技能、能力本身的概念。[④]

以上对自我效能的认知虽然各有侧重，但均包含两层意思：一是自我

---

① BANDURA A. Self-efficacy: toward a unifying theory of behavioral change[J]. Psychological review, 1977, 84（2）: 191.

② 郭本禹，姜飞月. 自我效能理论及其应用[M]. 上海：上海教育出版社，2008.

③ 李晓东，张炳松. 成就动机与自我调控学习[J]. 教育研究，1998（8）：62-66.

④ 伍玉伟. 自我效能理论视阈的高校图书馆用户教育研究[J]. 图书情报工作，2012，56（1）：64-67.

效能与某种情境和行为相联系，具有一定的特殊性。二是自我效能是一种信念，不是个体的实际能力，是个体对自我能力的主观判断。可见，自我效能是在自我驱动力和实际行动力感知基础上形成的一种积极状态，个体通过设定具有一定挑战性的期望，引导自己实现期望的结果。

在勤工助学、自我效能与学生发展之间，自我效能与学生发展联系紧密，主要探求学生是否能够通过参加勤工助学获得自我效能。如前所述，可以看出自我效能的定义包含了一种动态的变化过程，理论上学生对自己能力的感觉会随着个人发展不断变化。学生的能力可以在实践活动中获得更新，而勤工助学是有一定时间投入的工作状态。因此，学生是否能够在此过程中提升自我效能是考察勤工助学和学生发展的重要因素。

二、勤工助学与学生发展框架及研究方法

研究针对勤工助学实践与大学生能力之间的关系，考察勤工助学对学生发展的影响。学生发展有很多方面，勤工助学在其中扮演了什么角色；具体影响了学生哪些方面的发展，如何通过实证研究证明这一部分的发展确实存在，引起这一发展产生的机制是什么；对于高校资助政策特别是勤工助学政策的反馈，是否有可进步的空间，应该在哪些方面给予完善。

根据研究内容，制作了研究的技术路线图，如图4–1所示。

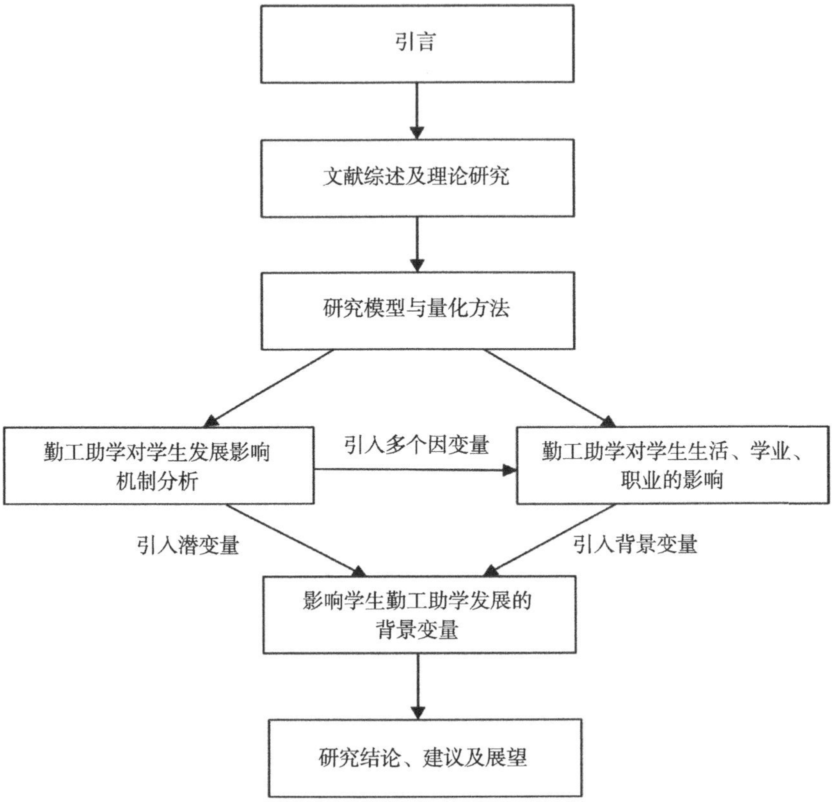

图4-1　研究框架和主要研究内容

根据研究的技术路线图，运用的研究方法如下。

文献分析法。文献分析是论文研究的基础，本研究通过CNKI数据库、Springer数据库、Wiley数据库等的检索，结合国内外期刊、论文、各类著作、国家政策法规涉及的与勤工助学和学生发展的研究，对相关理论、测量工具进行分析总结，在此之上形成本研究的研究框架和思路。

调查研究法。本研究通过调查问卷收集学生对勤工助学影响自身发展的数据，对提出的研究假设进行分析验证，选择适合的量化模型分析数据。根据已有的测量量表，结合个案访谈和专家建议，设计本研究的测量量表，对试调查进行信度和效度分析后，抽取合适的样本开展正式调查，为分析问题提供有效的数据。

模型量化法。本研究运用SPSS24.0和AMOS24.0软件处理和分析数据资料，采用结构方程模型、多元线性回归模型、多群组结构方程模型，分别对勤工助学对学生发展的结构关系、勤工助学对学生发展影响的具体感受、学生背景变量对结构关系的调节作用进行分析，从而得出研究结论。

第五章　勤工助学与学生发展的理论基础

本章重点阐述勤工助学促进学生发展的教育理论观点，包括学生发展理论、社会学习理论、学生投入理论、建构主义理论。学生发展理论主要与学生事务管理息息相关，其中包含学生通过实践方面获得的发展，以及哪些方面的设置能够帮助学生发展，对研究勤工助学对学生的发展具有借鉴意义。社会学习理论对人行为的解释，为勤工助学如何影响学生发展提供一种可能的路径解释。在勤工助学过程中，学生感受到的政策环境、物理环境和人际环境等，通过学生自我调节过程时刻重新形塑着学生个人的行为，这正是在人、行为、环境交互作用下构成的输出和改变。学生投入理论更关注学生如何获得这些发展，学生在某种活动中投入的时间和精力的大小是影响学生形成某种行为机制，影响学生发展程度的重要变量。这为设计勤工助学对学生发展的测量表提供了直接理论依据。从建构主义视角来看，学生发展的过程犹如个体认知建构的过程，学生能力等方面的发展，不仅来自学生对自身经验的建构，也来自学生与外界的交流和互动。因此，建构主义理论可以应用到勤工助学对学生发展的影响中，通过寻找影响学生发展的环境和内外部因素，探索影响学生发展的因素和机制。

一、学生发展理论

学生发展理论是20世纪中期心理学和社会学研究中出现的一个概念。

发展到今天，学生发展理论跨越多个学科和研究领域，包括人类学、社会心理学、生物学、人文和高等教育，融合了广泛的路径和世界观。学生发展理论属于高等教育和学生事务的一部分，指关于大学生发展的理论集合，它综合地解释了学生如何成长发展，如何在高等教育的环境下成为一个更复杂的人。①学生发展这一术语的应用本质上是方案性的，并以学生事务专业人员为鼓励学习和学生成长所做的工作为基础（Rodgers，1990）。学生发展理论集中在大学生智力发展和自我发展以及情感和行为变化上，鼓励学生事务工作者和教师之间的伙伴关系。这些伙伴关系有可能提高学生的学习并积极地使学生课堂内外的表现最大化。

学生发展理论的分类基于学者对理论的总体理解而略有不同。克里斯汀·仁等（2008）认为，美国学生发展理论包括个人与环境、社会心理、认知和价值观、整合型理论四个基本类型。这些理论分别从社会学、心理学、生态学等角度来解释学生成长和发展的规律。②《高校学生发展》一书指出，学生发展的文献主要包括：社会认同、社会心理、认知结构和综合观点四方面。也有早期学者认为，学生发展理论包括社会认同理论，社会心理发展、认知发展、道德发展和整合理论（Knefelkamp，1978）。③这些分类方法大体一致，具有不同关注点的细微差别。整体来看，这些对理论的分类并不严格互斥，不同理论在理解学生发展的过程中相互交叠，理论的背后是不同的世界观及支持它的相应理论模型，目的都在于更好地解释学生发展的过程，并指导学生发展实践。

社会心理学理论注重探讨学生发展的个体层面，由韦狄克（Widick）和帕克（Parker）在1978年提出，罗杰斯（Rogers）在1989年进行了修正。

---

① EVANS N J，FORNEY D S，GUIDO F M，et al. Student development in college：theory，research，and practice[M]. Hoboken：John Wiley & Sons，2009.

② 克里斯汀·仁，李康.学生发展理论在学生事务管理中的应用：美国学生发展理论简介[J].高等教育研究，2008（3）：19–27.

③ KNEFELKAMP L，PARKER C A，WIDICK C. Applying new developmental findings[M]. San Francisco：Jossey–Bass Publishers，1978.

罗杰斯认为学生发展可以被理解为学生成长的方式，他根据学生进入高等教育系统后产生的变化，界定学生发展及特点。认为学生发展受到社会因素的影响，具有连续性和积累性的特点，表现为学生进入高校后获得的各方面的进步、发展及能力提高。另外，埃里克森（Ericson）提出的生命周期理论是社会心理学理论的基础之一，他探讨学生的发展阶段，关注学生的人格发展如何与其生理发展和需要互动。认为学生每一个发展阶段都需要面临特定的挑战和成长问题，若处理不当将对个体将来不利，个体处理发展问题的能力受所处的文化、环境、社会所影响。社会心理学理论的代表人物还有齐克林（Chickering）和桑福德（Nevitt Sanford），分别提出认同发展理论和挑战支持理论。

与社会心理学理论相比，认知发展理论更注重从内容层面关注学生获得了何种发展。该理论探讨个体发展的进程，描述人们如何从简单的事实发展到具有推理能力，到对复杂现实反应、判断、建构并验证的过程；从学生发展角度对认知发生的心理进行探讨，探索如何获得这些发展及发展产生的机制。科尔伯格（Kohlberg）在20世纪60年代提出了道德发展理论，佩里（Perry）在20世纪70年代提出了认知与道德发展机制，解释了学生思维发展的典型过程，认为认知发展由差异性和多样性共同推动。[①]科根（Kegan）提出了“自我主导”的概念，并定义为“个体定义自身信念、个性和关系的内在能力”[②]。马格达（Magolda）对自我主导概念进行了引申，说明了学生个体自主发展的过程。学生通过与教师、同学和个体学习间的交互作用，在认知、自省及人际交往发展维度上，逐渐到达自我主宰阶段。[③]

① KING P M. William Perry's theory of intellectual and ethical development[J]. New directions for student services, 1978（4）: 35–51.

② KEGAN R. The evolving self[M]. Cambridge: Harvard University Press, 1982.

③ MAGOLDA M B B. Three elements of self-authorship[J]. Journal of college student development, 2008, 49（4）: 269–284.

学生发展理论不仅局限于社会心理理论和认知发展理论的范畴，其理论的丰富既基于相关内容理论的发展交叉，也受益于不同学者在不同理论基础背景下的延伸和拓展，以下几位学者的研究成果，为分析本研究框架内的学生发展提供了依据。

（一）学生发展的七个向量

齐克林（Chickering）在埃里克森的基础上提出认同发展理论。他详细描述了学生的发展阶段，认为教育的主要目的是帮助学生获得坚定的自我意识和内在归属感、认同感。在大量实证研究基础上，齐克林指出建立同一性是学生大学期间最重要的发展问题，并由此提出学生发展的七个向量，也是学生在培养同一性过程中需要完成的七个任务：（1）发展能力。包括智力、体力、动手能力和人际关系能力，智力主要指理解、分析、共情和批判思考的能力；体力和动手能力指拥有完成任务的健康体力；人际关系能力指有效地与他人建立连接的能力。（2）管理情绪的能力。学生有能够识别情绪、合理管理情绪（如恐惧、愤怒、快乐和悲伤的情绪）的能力。（3）通过自主走向相互依赖。学生能够独立地对自己负责，表现为情感独立和工具独立，独立解决问题。学生能够在独立的需要和被接纳的需要中找到平衡，同时尊重他人的独立性和独特性。（4）发展成熟的人际关系。需要学生能够容忍并接纳他人的独特差异，有能力与不同信仰、价值观的人建立亲近而有意义的关系。（5）建立自我认同。自我认同的发展是一个过程，是在一定的强度和频率的经历中形成，能够被自己和他人所感知的满足感，是一种健康的自我概念。（6）发展的目标。除了建立求职、谋生、获得技能等目标，大学生认识到获得学位的价值不止于此，而是更高发展的能量和充实感。（7）发展完整性。指学生通过价值观人性化，发展出内在一致的个性化价值观，并能够指导自己的行为，使行动和价值观与自己的信仰自洽，从而达成发展的一致性。①

① CHICKERING A W，REISSER L. Education and identity：the Jossey-Bass higher and adult education series[M]. San Francisco：Jossey-Bass Publishers，1993.

齐克林学生发展的七个向量，由简单到复杂，既相互区别又有内在联系，呈逐步递进上升之势。齐克林对学生发展七个向量的时间给出大致判断，前三种能力在大学一年级到二年级之间获得，发展成熟的人际关系通常在二年级到三年级之间获得，后三种能力形成于三年级之后。在此基础上，齐克林还提出了本科教育实践的七个原则：鼓励学生和教职人员之间的交往、发展学生间的互惠合作、主动运用学习工具、及时给予学生反馈、强调学习任务的时效性、向学生表达较高的期望、尊重学生智力和学习方式的差异性。①

（二）挑战与支持理论

心理学家桑福德（Nevitt Sanford）是早期研究高等教育如何影响学生发展的学者之一。他提出挑战与支持理论，认为区别化与整合的周期和平衡支持与挑战是考虑学生发展过程的两个基本概念。区别化和整合发生在学生理解他们自己是独特的（区别化）和作为团队的成员（整合）过程中，学生了解自己的个性特征，并了解这些特征如何影响他们的个体认同的时候，这个过程很明显（1962）。挑战经常发生在学生不具备知识、技能或态度处理问题的情况下（通常指学术、社会和心理层面），支持是学生面对挑战取得成功的缓冲器（1967）。

桑福德（1966）提出了发展的三个条件：准备、挑战和支持。他是最早关注人与环境相互作用的发展理论家之一。他认为，个体只有在做好准备之后，才能表现出某些行为。准备的结果由学生内在的成熟度和有益的环境因素共同构成。学生所能忍受的挑战量是由可获得的支持量决定的，取决于挑战的程度和支持的质量，以及学生的特点。对特定的学生来说，对挑战的适应程度不尽相同，若环境中的挑战太高，学生可能表现为适应性较差的行为模式、保持当前行为模式、逃避挑战或忽视挑战；若环境中

① CHICKERING A W，GAMSON Z F. Seven principles for good practice in undergraduate education[J]. AAHE bulletin，1987（3）：7.

的挑战太低，学生会感觉安全满意但发展有限。① 学生尽管对在学校所获得的支持方式要求有所不同，但值得注意的是，桑福德认为如果学校的环境不能满足不同学生的要求，且学生难以得到支持，那么来自学业、同伴、家庭等方面的压力有可能引起消极的结果，严重情况下可能导致学生退学。②

（三）学生变化评定模型

帕斯卡雷拉（Pascarella）的学生变化评定模型（General model for assessing change），也称学生综合影响模型。从学生个体、学校环境以及生师互动等角度分析影响学生成长的因素，帕斯卡雷拉提出直接或间接影响学生成长的五个变量集：学校组织特征、学生背景、学校环境、社会化互动及学生个人努力。其中，学校的组织特征及学生背景共同构成了学校环境，这三个变量共同影响学生的社会化互动，学生个人努力受到学校环境、社会化互动和学生背景的影响；学生背景、社会化互动、学生个人努力直接影响学生的发展，学校组织特征间接通过其他变量影响学生的发展。③ 这五个变量对学生发展的影响关系如图5–1所示。帕斯卡雷拉设计的变化评定模型本是为了解释学生的发展情况，但后来也被用于衡量学生其他方面的产出。

① SANFORD N. Where colleges fail：a study of the student as a person[M]. San Francisco：Jossey–Bass Publishers，1967.

② EVANS N J，FORNEY D S，GUIDO F M，et al. Student development in college：theory，research，and practice[M]. Hoboken：John Wiley & Sons，2009.

③ PASCARELLA E T. College environmental influences on learning and cognitive development：a critical review and synthesis[J]. Higher education：handbook of theory and research，1985，1（1）：1–61.

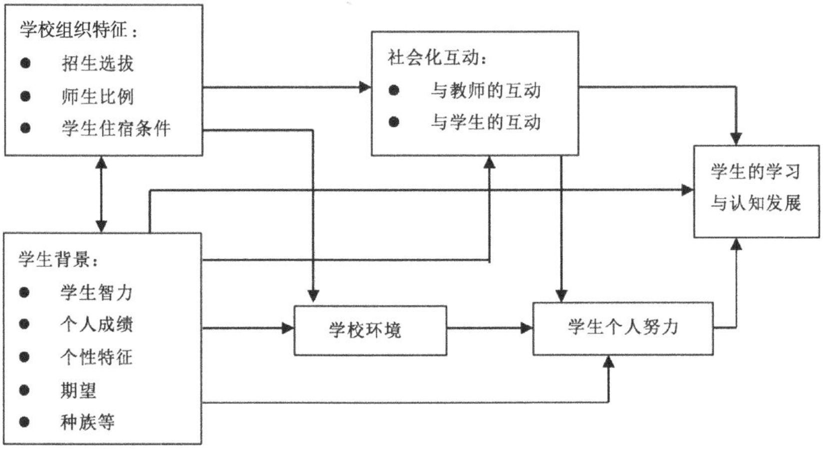

图5-1　帕斯卡雷拉的学生变化评定模型

（四）转换理论

转换理论（Transition Theory）① 是解释成人发展的理论，对理解学生发展何以发生具有借鉴意义。转换理论意在说明什么因素引起人的转换（变化）、转换的形式和过程、影响转换的因素（Goodman，Schlossberg & Anderson，2006）。自我觉知在这一理论中具有重要意义，只有个体经历并如此定义时，转换才存在，个人没有意识到的转换，不在此理论的讨论范围。有三种不同类型的转换，包括可预见的转换、不可预测或预定的非预期转换、非事件（指期待但未发生的转换）。对于不同的个体而言，转换所附加的含义是相对的。转换可能带来成长，但也可能带来衰退，经历转型的个体可能以矛盾的眼光看待转换。可以将学生发展的发生看成一个动态的过程，转换理论说明了在什么情况下、具备何种条件能够引起这种变化或转换。转换理论的框架如表5-1所示。

① GOODMAN J，SCHLOSSBERG N K，ANDERSON M L. Counseling adults in transition：linking practice with theory[M]. Berlin：Springer Publishing Co，2006.

表5-1　转换理论的框架

什么是转换	事件或非事件导致关系、日常、假设或角色发生变化
转换对个人的意义基于	类型：预期的事件、未预料到的事件、未发生的事件 内容：与转换相关的关系和场景 影响：日常生活中的变化
转换的过程	随时间变化进入，穿过，移出
应对转换	受个人的资源和负担影响，影响个人应对转换能力的四个因素是：情形、自我、支持和策略
情形	触发、时机、控制、角色变更、持续时间、先前经验、并发压力、评估
自我	个人和人口特征：社会经济地位、性别、年龄、健康状况、族裔/文化 心理资源：自我发展、观点、承诺、价值观、精神和韧性
支持	类型：亲密关系、家人、朋友、机构或社区 功能：影响、肯定、帮助、诚实的反馈 测量：稳定的支持、有可能改变的支持
策略	三个种类：修改情景、控制意义、压力后管理 四种应对方式：寻求信息、直接行动、抑制行动、心灵内的行为

资料来源：本研究作者根据Goodman、Schlossberg & Anderson（2006年）的资料汇编进行翻译整理

（五）发展生态模型

学生发展理论还参考了发展生态学的观点，发展生态学家布朗芬布伦纳（Bronfenbrenner）用生态学模型解释人类的发展过程而不是结果。[①]在高等教育中，发展生态学提供了一个理解校园环境如何促进或抑制学生发展的思路（Renn & Arnold，2003）。生态学观点解释了学生发展的整体性和差异性，有利于高校管理者思考如何通过塑造校园环境来引导不同学生群体的成长和发展。布朗芬布伦纳介绍了由四个元素构成的人和环境的理论，这些组成部分之间的相互作用创造了个人的发展生态或环境。

① BRONFENBRENNER U. The ecology of human development[M]. Cambridge : Harvard university press，1979.

这四个要素分别是：过程、人、环境、时间（Process，Person，Context，Time，PPCT）。[①] 第一，过程包括生物体与环境之间特定的相互作用模式，这种过程被认为是人类发展的主要机制。第二，人的要素至关重要，对于高校学生来说，他们面对环境会选择不同的应对模式，包括对环境既不邀请也不抑制的类型、选择性应对环境的类型、结构化应对环境的类型、指导性应对环境的类型。这四种应对方式显示了人在应对环境表现的适应性逐级增强。第三，环境是以人为核心的相互嵌套的不同层次环境，以人为核心，人与微观环境共同构成中观环境，向外扩展为外生环境，再扩展为宏观环境。第四，发展生态学关注个人生命和整个生命周期的时间（Bronfenbrenner & Morris，2006）。综合起来，生态学模型可用于理解学生发展的短时期进步，也可以跨越时间长度理解不同领域学生的发展，应用于学生身份的研究，如种族和民族（Guardia & Evans，2008）、学校学术咨询的校园环境（Stebleton，2011）等。

综上，美国的学生发展理论主要与学生事务管理息息相关，管理者借助不同的学生发展理论，理解并设计学生管理的事务。尤其在美国多种族学生的背景前提下，关于学生发展的理论在定量和定性分析方面都有长足的发展，其关注的学生发展的方面越来越多元化。无论是对学生发展行为的解释，还是对促成学生发展的因素等方面的分析，都具有分支领域多，方案多样化、细致化的特点。其中包含的学生通过实践方面获得的发展，以及哪些方面的设置能够帮助学生发展，对本研究研究勤工助学对学生的发展具有借鉴意义。

二、社会学习理论

社会学习理论由美国心理学家阿尔伯特·班杜拉于1977年提出。社

---

① BRONFENBRENNER U. Ecological systems theory[M]. London ：Jessica Kingsley Publishers，1992.

会学习理论隶属于行为主义学派，是传统行为主义、新行为主义，特别是认知理论等的综合。社会学习理论可理解为行为主义的学习理论，尤其是在刺激－反应原理基础上发展起来的行为理论。该理论强调行为在习得过程中各种认知活动与环境因素的交互作用和自我调节功能，即着眼于观察学习和自我调节在引发人的行为中的作用，重视人的行为和环境的相互作用。虽然社会学习理论属于心理学的理论范畴，但其理论产生的解释力不仅适用于心理学，也与教育学和社会学息息相关，其中很多思想对于解释人的行为、学习过程的形成，人的适应性和调试结果具有重要价值，对个体行为发展和变化的相关实证研究具有重要指导作用。而这些因素都可以说是影响学生发展的重点。

（一）行为的起因及观察学习

班杜拉研究行为的起因。他强调人的思想、情感和行为是通过观察别人的行为及其结果在替代基础上发生的直接经验习得。人们通过观察学习简化学习过程，预见不同行为可能产生的后果，从而改变或强化自己的行为。他认为，人的学习行为可分为由行为结果所引起的学习和通过示范过程所引起的学习，后者即观察学习。在社会情景中，人的大多数行为通过示范过程而观察学会，人们通过观察别人如何操作而将这一信息记住，以便在今后同样的场合下变成自己的行为导向。

班杜拉把观察学习分为四个组成部分：一是注意过程。是人在大量的范例中选择何为观察对象以及提取观察对象的哪些信息。二是保持过程。将范例换成表象或语言符号留存在记忆中，以供日后指导操作。三是运动再现过程。即范例付诸实践的过程，人们在范例相似的情景下对语言符号进行演练，通过自我矫正把行为简化，这一过程可反复。四是动机过程。通过观察获得的信息不一定能被人操作成与原型一样的行为，而如果通过调动动机变量反复操作得到期待的结果，这个示范就会完成匹配，形成闭环。

班杜拉认为观察学习的四个部分不是完全分离的。没有完成的观察学习可以由任何一个过程引起，如没有关注相关活动，或记忆中的编码不当，或不能保持所学的过程，或没有动因、能力去操作。由此引出了班杜拉社会学习理论中的强化这一重要概念，强化不仅仅用于研究行为的起因，在行为的先行和后继决定因素中均有涉及，并是后文环境因素中的必要因素。在这里，强化在观察学习中主要是由居先的而不是后继的影响而发挥作用，即学习者会事先对能够产生价值的结果有预期，从而强化行为，促进观察学习，因而强化是促进条件而非必要条件。

（二）行为的先行决定因素、后继决定因素及自我调节

班杜拉提出了行为的先行决定因素和后继决定因素。他认为，人认清了情境、行动和结果之间的关系，将会在预示性的先行事件和后继条件基础上调节自己的行为，这是一种先行因素中的认知中介影响，如替代性期待学习。情绪反应通常从直接经验中习得，但在观察的替代性期待学习中，观察者通过别人的情感表现触发的情绪联系，促动了自己的情绪。当人们的替代性情绪触发能力形成后，就可以从观察别人的情感经验中对环境中的相关事物建立起情绪反应。决定行为的先行因素中，自我情绪触发功能是构成期待性学习的一个因素。这种自我触发的条件反应，被认为是在习得性期待基础上的自我激发，而不是自动触发。自我触发的关键因素是人们从预料的刺激物中预见事件，并形成合适的预期反应。

而在决定行为的后继因素中，班杜拉主要研究行为的结果如何调节行为，探究直接发生的外部结果。行为与其积累起来的强化结果有关，而不是与其一时的结果有关（Baum，1973），大量的行为只要有偶尔的直接强化就能被保持。由此，班杜拉详细分析了建立在外部的、替代的以及自我产生的结果基础上的三类调节系统。

在解释外部的强化中，班杜拉认为社会诱因的发展对于社会学习和成功的人际关系具有重要意义。其强化措施经常包含社会交换的过程。积极的安排与奖赏和权利相对应，消极的制裁与谴责和惩罚为代价，其中就暗含了社会交换。而替代性强化，当观察者通过别人的行为得到强化而增进行为时，就是一种替代性强化。同时也有替代性惩罚，被观察到的消极后果有减弱人们相同或相关行为的倾向。

自我评价可引起自我产生的结果，人们常根据别人对自己行为的反应而评价自己的行为；社会环境中的示范影响可产生协调或冲突的效果；自我评价标准的不一致使学习标准复杂化；人们有不同的价值观念；外部的与自我生成的强化之间关系复杂。很多理论工作和研究工作都指向内隐的自我影响在调节行为中的作用以及把认知事件扩大到自我控制技术（Bandura，1969；Mahoney，1974；Mischel，1973）。有关自我调节过程的一些研究成果表明，社会学习方法在提高人们调节自己情感、思维和行动能力方面大有前途。[①] 情境影响能激起自我产生的影响，而自我产生的影响反过来又能成为改变情境的决定因素。对自我调节过程的完整解释必须包括环境的自我控制决定因素以及自我控制的环境决定因素。[②]

（三）认知的控制作用、行为调节与交互决定论

班杜拉还阐述了认知的控制作用。他认为，各种形式的认知表象都能为人们的行动提供诱因。人们在追求目标的过程中，会对自己的行为做评价性反应，动机效果并非目标本身，而是人们对自己的行为做评价性反应的行动。在社会学习理论看来，人们以自我动机为积极的动因。当人们预计强化频率和可预期性发生变化，就会在期待结果的基础上调节自己的行为。高级认知能力可以使人们在思维中而不是在行动中解决大多数问题。班杜拉解释了各种验证的过程和思维。人们从对环境和事件的观察和抽象中形成了对自己和周围世界的概念，而对思维的思维在验证中进行。验证思维有不同的来源，即从行动结果的直接经验中获得知识，从替代性经验中抽取，同别人的判断作比较。整体看来，认知行为的控制受自我调节强

① 阿尔伯特·班杜拉. 社会学习理论[M]. 陈欣银，李伯黍，译.北京：中国人民大学出版社，2015.

② 阿尔伯特·班杜拉. 社会学习理论[M]. 陈欣银，李伯黍，译.北京：中国人民大学出版社，2015.

化和思维共同影响，这两种因素及影响两种因素的其他因素可以被看成是一个共同的系统。大多数的行动受到两个或以上的信息源控制。各种调节系统都能影响行为，刺激和认知影响有时也会反过来改变强化条件。示范的影响和思维自我生成的结果或行为结果均能改变思维过程。实验结果表明，自我指导示范的学习模仿过程会加强认知行为的功能。

班杜拉还提出了交互决定论。交互决定论认为，人、行为、环境这三种因素之间连续不断的交互作用，决定了人的心理机能。班杜拉将人及其行为所产生的影响共同称作人的决定因素。人的内部因素与行为也能作为交互决定因素而相互起作用。环境的潜能在特定的行为使之现实化后才能起作用，环境本身并不具备对单一个体一成不变的作用。很多潜在的环境影响中，行为部分地决定某些环境影响将起的作用和形式；环境影响也部分地决定某些行为潜能可以得到发展。人和环境的两种影响作为相互依赖的因素起作用。他强调，在模仿社会的行为模式并不断操作演习中，人的行为逐渐形成和改变。行为创造环境条件的同时，也能调节环境影响。

社会学习理论的一个显著特征，是它赋予人的自我调节能力以重要价值。在安排好环境影响的前提下提供认知支柱，提示自己行动的结果，人们就可以采取措施控制自己的行为。即人们既能使用环境和创造环境，又能逆环境而行。自我控制的实践证明，通过安排可能引起合适行为的环境条件，以及创造一些认知条件并保持这些条件的自我强化结果，人们就能把自己的行动进程指向有价值的目标。至此，班杜拉从行为的起因开始，通过解释先行的、后继的以及认知的调节系统之间的内在关系，以及人、行为及环境的交互作用，说明了认知的、行为的以及环境的多因素对人行为的解释。

本研究借鉴社会学习理论对人行为的解释，可以为勤工助学如何影响学生发展提供一种可能的路径解释。勤工助学是一种学生投入时间和精力的参与式活动，这种参与式活动由大量的学生行为组成，具体到勤工助学的每个岗位，对学生均有与之对应的被期待的行为模式。并且，这种实践过程提供了一种场域，构成了学生可进行观察学习的环境，学生对自我的期待和替代性的期待时刻影响着学生的自我调节能力。即勤工助学这项实践活动对学生发展影响的作用过程，完全符合班杜拉关于人、行为、环境之间的相互作用的理论，且自我调节在影响过程中发挥了重要作用。更具体来说，整个勤工助学中学生感受到的政策环境、物理环境和师生、同学共同构成的人际环境等，通过学生自我调节过程，时刻重新形塑着学生作为个人的行为，这些因素之间的相互交互影响某种程度上促成了学生发展的转变，这正是在人、行为、环境交互作用下构成的输出和改变。因此，若将班杜拉的自我调节理论与学生发展理论相结合，通过设计合理的量表，测量学生在勤工助学中感知到的环境、自我调节及自我发展，可以阐明勤工助学对学生发展影响的基本机理和路径。

三、学生投入理论

学生投入理论（Student Involvement Theory）是学生发展理论中的一种，由阿斯汀（Alexander W. Astin）提出，是大学生发展中的一个重要概念，也常被译为“学生涉入理论”，同时与“学生参与”（Student engagement）意思相近。单列介绍此理论的原因在于它们与本研究设计的实际测量量表有强关联，能够为勤工助学影响学生发展提供基础框架。学生投入理论认为，有意义的大学教育投入激发了增长的认知复杂性，促成了学习和发展（Renn & Reason，2013），“投入”被定义为“学生在学习过程中所投入的体力和心理能量的总量”（Astin，1984）。这一理论指的是学生的实际行为，而不是学生的感受或想法。阿斯汀用五个基本假设支持他的理论。[①]

第一，投入是指在各种目标中投入身体和心理的能量。目标是指任何

① ASTIN A W. Student involvement：a developmental theory for higher education[J]. Journal of college student personnel，1984，25（4）：297–308.

学生经历一个具体的活动，如校内的排球比赛。第二，无论何种目标，学生参与都是连续的过程。一些学生比其他学生投入更多的精力，一些学生可能比其他人更多地参与某些活动。第三，投入既有量的特征，也有质的特征。量的投入指在一项活动中投入的时间，质的特征指对活动的认真程度和关注程度。第四，学生学习和个人发展的程度与学生在项目中投入的质和量的精力成比例。一般来说，学生投入的精力越多，他们的收获就越多。第五，教育政策或实践的有效性直接与该政策或实践在增加学生参与方面的能力相关。

为进一步研究学生的参与，阿斯汀考察学生参与高等教育中的活动、项目、机会的重要性，包括领导力经验、工作经验、与家庭和社区的联结。阿斯汀（1993）全面研究测量了五个主要类别的参与：（1）学术参与，如参加课程学习。（2）参加教师的活动，如与教员进行研究。（3）与学生同伴，如成为兄弟会或姐妹会成员，或对大学校际体育运动的参与。（4）参加工作，如全职或兼职。（5）其他形式的参与，如锻炼、参加宗教活动等。学生参与的结果取决于参与的时长及强度。

投入理论为学生参加各种高等教育活动、环境影响的贡献和学生的结果之间提供了理论上的联系（Astin，1984）。以下方法可以帮助学生提升经验和感受：如当学生参与校园活动时，他们与同龄人的互动就会增加，对促进学生在校园中的社会融合和更大的发展非常重要（Pascarella & Terenzini，2005）；学生与同龄人互动可以积极影响学业的发展、提升分析和解决问题的技能以及自尊（Kuh，1995）。

阿斯汀的理论关注促进学生发展的因素。他认为积极地在环境中参与活动是学生学习和成长的先决条件，高校教育者应该为学生在课堂内外参与有意义的教育活动提供机会，这是促进学生发展的基础。他强调学生的投入程度与获得的成功相关。这些活动不限于学术活动、课外参与活动、与老师和教员的互动等。学生在参与中的时间和精力的投入是知识的源泉，它促进了学生的创造活动，增加了学生在学校成功的概率。

在阿斯汀研究的基础上，一些学者基于实证研究结果对学生投入进行了延展。同龄人是“对学生产生影响的最有力的来源”，而重要的社会化媒介除了为学生提供参与经验外，还影响学生的认知、身份认同、心理社会和行为发展（Foubert & Grainger，2006；Guardia & Evans，2008；Harper & Quaye，2007；Pascarella & Terenzini，2005）。[①] 在学校展现出领导能力的学生更容易在社会改变方面作出成绩（Soria，Fink，Lepkowski，Snyder，2013）。研究人员还发现，学生参与学生组织或社区服务有利于学生文化意识的发展和人际交往能力的发展（Astin，1993；Astin & Sax，1998；Dugan，2006；Dugan & Komives，2012；Soria，Nobbe，Fink，2013）。

阿斯汀还提出了输入（Input）–环境（Environment）–产出（Outcome）模型，认为输入变量和环境变量共同影响产出变量。在教育评价方面的应用主要体现在高校学生的发展和收获，并由学生入学时的输入变量和学校环境变量共同影响而形成。[②] 阿斯汀认为，任何教育活动的评价都应该包括学生输入（Student input）、学生接触的教育环境（Educational environment）、学生产出（Student outcomes）三方面内容。

其中，输入变量对环境和输出变量都有影响，同时会通过环境对输出变量产生间接影响。输入变量包括教育实践开始时学生的能力发展水平，通常包括教育背景、择校原因、残疾状况、经济状况、专业等。环境包括在教育实践中所有可能引起学生产出的影响事件，是学生在教育实践中的实际体验。环境变量包括教育实践、行政人员、课程体系、教师、硬件设施、学习氛围、朋友、室友、课外活动、学生团体等。在实际研究中，根

① ZACHERMAN A，FOUBERT J. The relationship between engagement in cocurricular activities and academic performance：exploring gender differences[J]. Journal of student affairs research and practice，2014，51（2）：157–169.

② ASTIN A W. Assessment for excellence：the philosophy and practice of assessment and evaluation in higher education[J]. International journal of behavioral development，1993，30（1）：8493.

据研究目的选取不同的环境指标是颇有难度的工作。产出变量通常是教育研究关注的重点，学生产出指学校通过教育实践对学生发展产生的直接或间接的影响，在测量中通常可分为认知收获和情感收获两类。认知收获与学生习得知识、高级心理活动如逻辑思维能力相关。情感收获则指学生的态度、感觉、价值观、自我概念、社会人际关系方面的发展。

从测量角度上，学生产出能够分为心理测量和行为测量。心理测量反映学生的内生状态和特点，通常由学生自我体验报告方式获得。行为测量反映可观察的学生活动，多直接反映人与环境的互动。输入-环境-产出模型的基本思想是在控制学生输入变量的基础上，更准确地估算教育实践环境对学生产出的影响。该模型具有广泛的应用，成为美国高校学生调查（如NSSE）的指导思想之一，尤其是在构建教育实践环境信息方面，这是理解学生发展过程，以及高等教育如何控制或改进一些变量促进学生发展的关键。

综上，学生投入理论与以往学生发展理论有本质上的不同，以往学生发展理论主要关心学生发展成果，而投入理论更关注学生如何获得这些发展，学生在某种活动中投入的时间和精力的大小是影响学生形成某种行为机制、影响学生发展程度的重要变量。输入-环境-产出模型则重点强调了环境对学生发展的影响，且认为学生产出包括情感收获和认知收获两类。具体到勤工助学中，勤工助学活动是一项需要学生投入一定时间和精力的活动，这种投入的强度也随着学生时间和精力的增加而增强。勤工助学的环境，包括整体的政策环境、具体物理环境和学生参与中与师生互动的人际环境，都是影响学生发展的因素，是构成学生产出的重要指标。这为下文设计对学生发展的测量量表提供了直接理论依据。

四、建构主义理论

上文基本说明了环境对教育实践和学生发展的影响，学生的自我调节行为能够帮助学生发展。自我调节或者学生发展如何从内心层面发生，需要从学生自我内心的构建层面思考。包括学生对于内部和外部关系的处理，对学生心理发生变化引起自我发展的探索。从建构主义理论出发，可以在认知结构的基础上，解释学生如何建构学习经验，吸取外界经验，从而进一步分析学生心理机制的形成。学生发展并非只是知识层面的增长，还包括学生实践能力、情感能力、自我效能等多方面的发展。

建构主义理论是一种学习的哲学，最早由18世纪意大利哲学家维克（Vico）提出，他认为“人与生俱来就有一种本能的、独特的智慧，对周围的环境作出反应，能够清晰地理解他们自己建构的一切”①。建构主义主张主体通过内部构建的认知组织经验，发展知识。学习者通过自身的主体性知识构建学习活动，而不是被动地接受知识。建构主义表现为认知建构主义、社会建构主义和激进建构主义，前两者能从某种角度解释学生发展。

（一）认知建构主义

皮亚杰（Piaget）是早期的认知建构主义研究者，他揭示了个体的能动性，将认知描述成在个人经验基础上重构理解和知识的过程。皮亚杰提出了认知发展理论，将认识主体作为建构中心，有认知结构的个体与他们的物理环境及社会环境相互作用然后形成了自己的认知结构。他认为“知识既非来自主体，也非来自客体，而在主体与客体之间的相互作用过程中建构。新经验获得意义需要以原来的经验为基础，新经验的进入又使原有的经验发生一定改变，使它得到丰富、调整或改变，这就是双向建构过程”②。个体的认知结构在这种同化和顺应的平衡中逐渐建构，在学生经验的获得和改变中起重要作用，这一过程需要学生与外部环境相互作用。

在认知建构主义中，学者们从不同的角度阐释个人主体的建构过程，

① 王沛，康廷虎. 建构主义学习理论述评[J]. 教师教育研究，2004，16（5）：17-21.

② 莱斯利 · P.斯特弗，杰里 · 盖尔. 教育中的建构主义[M]. 高文，徐斌艳，程可拉，等译.上海：华东师范大学出版社，2002：22.

从而对皮亚杰的理论进行了发展。格拉塞斯菲尔德（Glasersfeld）关注个体心理过程，认为知识由认知主体主动建构，强调自我存在而忽视了适应性。卡米伊（Kamii）、科布（Cobb）等人认为，人际交往能够对认知产生影响，人们通过认识不同主体在交流过程中以不同角度思考，新观点和原有观点的冲突为主体改变认知结构提供了条件。[①] 情境认知与学习理论对认知构建主义进行了发展。在“个体与环境关系”的认识上，建构主义认为“个体”是建构主体，“环境”是个体建构中的支点和条件。建构主义关注的是“个体的建构”，情境认知与学习理论认为，“个体”和“环境”都是学习系统中的要素，两者相互建构，这一理论关注“个体与环境的关系”，希望建立的是一个学习的生态系统。[②]

（二）社会建构主义

社会建构主义探讨个体与社会文化之间的关系，强调群体高于个体，将人与人之间的关系置于首位，认为个人建构的主观意义只有与社会和物理环境相适应，才能得到发展，社会建构主义强调学习的社会情境，重视社会互动、协作和活动。[③] 维果茨基（Vygotsky）、沃茨奇（Wertsch）等人是社会建构主义的代表人物，社会建构主义者认为社会文化影响了个体的知识建构，社会互动是个人建构的前提。强调个体通过与他人互动创造意义，有意义的学习和发展出现在个体参与社会活动的过程中。

维果茨基强调两个方面，一是与比较有知识的其他人在“最近发展区”的社会交互作用；二是以文化方式发展的文化系统，即语言作为建构意义的心理工具。[④] 这一观点的价值在于说明个体的发展和学习要在一定的社会文化背景下进行，强调“活动”和“社会交往”在人的高级心理发

① 白华. 关于本科学生发展的影响机制研究[D]. 北京：北京师范大学，2013.

② 王文静. 情境认知与学习理论：对建构主义的发展[J]. 全球教育展望，2005，34（4）：33，56-59.

③ 钟志贤. 建构主义学习理论与教学设计[J]. 电化教育研究，2006（5）：10-16.

④ 温彭年，贾国英. 建构主义理论与教学改革：建构主义学习理论综述[J]. 教育理论与实践，2002（5）：17-22.

展中的重要性。且“最近发展区”指有更高能力的最近他人或伙伴，能够帮助个体发展到更高级的水平，模仿他人及与他人合作学习是这一理论的重点。另外一位学者格根（Gergen）的论述也说明了与他人互动的价值。格根提出了沟通的重要性。由于受到社会现实制约，个体的认知有时不足以应对外界环境变化，因此需要不同个体之间的沟通交流，在不同社会情境交互下达成个体建构。对于学生发展而言，社会建构主义实际上指出了社会环境对其的重要影响，环境促进了主体间的互动和认知内化。

从建构主义理论来看，个体对于知识的获得不仅取决于个体内在的自我建构过程，与个体与外在环境、其他主体间的交流密切相关。学生发展的过程犹如个体认知建构的过程，学生能力等方面的发展不仅来自学生对自身经验的建构，也来自学生与外界的交流和互动。学生在个体基础上，对外界的信息、反馈、经验等进行内化，在对外界的适应和不适应的感受中重新建构自我发展。在学校的环境下，通过与他人的互动，学生能够更有效地接受刺激和挑战。具体在勤工助学活动中，勤工助学这一实践为学生提供了良好的认知、社交、互动、活动的场域，在勤工助学岗位工作时，学生需要解决的问题及遇到的大小挑战有助于帮助学生内化经验，改善原有认知，建构新的认知和发展。因此，建构主义理论可以应用到勤工助学对学生发展的影响中，通过寻找影响学生发展的环境和内外部因素，探索影响学生发展的因素和机制。

第六章　研究模型与量化方法

本章根据文献内容、个案访谈资料以及理论背景构建研究模型，提出七个研究假设。根据研究假设给出勤工助学对学生影响的因素，根据影响因素及在量表设计原则的指导下，通过概念化操作设计了勤工助学整体环境感知量表、勤工助学实践量表、学生在勤工助学中的自我调节量表、学生在勤工助学中的发展和收获量表四个子量表。在此基础上说明本章的量化研究方法、结构方程模型和多元线性回归模型的运用。

一、实证研究思路

高等教育的最终目的是培养学生，高等教育质量评估自然需要考虑学生作为教育对象的质量问题，即高等教育的产出问题。对学生发展的研究正是把学生作为高等教育质量的主体，测量学生在高等教育中获得的发展和收获，以此来反观高校人才培养的效果。通过上文学生发展理论及学生参与测量方法可知，学生发展和收获不仅来源于学生自身参与的结果，也与高校提供的各种资源环境相关。高校如何在整体发展和教育活动中设计有利于学生发展的项目和步骤，成为高等教育评估应该关注的重点问题。

因而，本研究将学生发展作为勤工助学的结果，即学生自我收获报告（Self-reported perceived gains）作为收集数据的基础，探究勤工助学对学生产生的具体影响。具体包括勤工助学的各种环境、勤工助学活动本身、勤工助学中学生的自我调节以及学生的发展收获四部分潜变量之间的影响关系，建立基于学生自我感受的教育质量评价问卷，通过问卷对学生勤工助学效果进行调查，收集实证数据分析勤工助学各个环节对学生的影响，以分析勤工助学这一教育活动的具体效果，包括对学生生活、学业、职业的影响，为改善勤工助学或教育环境提供一定的数据支持。另外，在实证研究的基础上，本研究将学生性别、学生专业、学生家庭经济收入等作为背景特征变量，进行多群组的结构方程模型分析，考察学生背景变量对学生发展影响路径的调节作用。

二、个案访谈

在进行本研究设计之前，作者专门访谈了参加勤工助学的学生、负责勤工助学工作的专职教师、勤工助学办公室主任，访谈分几次进行。对学生的访谈重点在于请学生描述参加勤工助学的感受，对自己产生了何种影响。对专职教师的访谈，主要了解学校勤工助学工作开展情况，以及学生在参加勤工助学中的各种表现。通过几次访谈，对研究可能涉及的内容及指标进行了重新梳理。精简访谈内容，最终可得出如表6-1、表6-2所示的内容。

表6-1　学生个案访谈记录

访谈时间：2018年10月18日、19日 访谈内容：参加勤工助学对你自己和生活的改变	地点：学院会议室 形式：同样问题的一对一同学访谈
A（调查者）：参加勤工助学，你觉得自己哪些方面改变了？有什么收获吗？为什么参加？	
B（刘同学）：虽然多花了时间和精力，可是能开阔视野，知道怎么应对突发事件了，有时任务繁重，包括处理学习和工作之间的关系，但是做得还行，所以现在越来越有信心了。自己能挣钱的感觉很好。	
C（翟同学）：我是吉林人，来北京读书以后，勤工助学帮我结交新朋友，积累了不少经验，让我能够锻炼自己。家庭经济困难，我能减轻家里的经济负担，很开心。而且，我办事效率也提高了。以前特别内向，现在开朗多了，和大家相处挺愉快的，感觉自己变活泼了。	

续表

D（杨同学）：认识了好多同学，以前有点儿自卑，现在热情、开朗了。没有太多其他的兼职，主要就是参加勤工助学。在学校里面，比较安全。和老师同学们交流，收获很多，而且各方面都能锻炼自己。
E（郭同学）：在勤工助学岗位做过整理文件的工作，也有些杂活，多是没有接触过的工作，还挺锻炼人的。主要是好奇，想多参加些活动。
F（樊同学）：经济原因参加勤工助学，想给父母减轻些负担。我还是班级班长，通过勤工助学，感觉自己有社会价值，更独立了，物质和精神方面都有提升。更懂规矩，更自律。并且，总是面向同学，结交了很多朋友，还能帮助同学，有成就感，做事情效率更高。
G（金同学）：分担了辅导员的工作，更能照顾、理解别人。时间安排方面、事务处理方面都有了提高。勤工助学增加了我的志愿工时。
H（次旦同学）：更有责任感，控制自己少玩手机，能融入大家，减轻了家里的经济负担。
I（秦同学）：时间协调能力更好。挑战自己，与老师、前辈交流，和同学一起相处，培养了耐心，对自己更有信心，知道自己哪些地方做得不好，然后就会尽力去改正。自己赚钱的感觉很好，见识到学校里面的人际关系的重要性，觉得对以后工作能有帮助。

资料来源：本研究个案访谈

表6-2　勤工助学工作部主任访谈记录

访谈时间：2018年12月19日　　　　　　　　　地点：勤工助学办公室 访谈内容：勤工助学工作的开展情况和对学生的影响　　形式：一对一访谈
A（调查者）：王老师，您专门负责勤工助学工作这么多年了，咱们学校这项工作的开展情况能简单介绍下吗？
B（王老师）：我在这个岗位工作快7年了，非常熟悉这块儿工作，工作规划和实施把控都由我负责。勤工助学属于资助政策的重要部分，咱们学校工作开展得还是不错的。学校整体对勤工助学有正常配套经费支持，我们每个学期开学都会在全校范围内针对各院系宣传勤工助学，特别困难的新生有绿色通道等配合政策。当然，学生也能申请助学贷款等。
A（调查者）：勤工助学主要是针对家庭经济困难的同学，还是所有的同学都能申请呢？
B（王老师）：所有的同学都能申请，以前主要是家庭经济困难的同学申请，但是这几年申请的同学越来越广泛，新的勤工助学政策已经变为针对全体同学。所以，很多家庭条件好的同学有意愿锻炼自己也会申请，且同学们的素质都还不错。现在资助政策特别强调“三全育人”，全员、全方位、全过程。而且有“质量提升工程”的提法，特别关注学生的成长，不仅仅是经济资助，注重对学生的培养，也包括学生多方面的发展。
A（调查者）：同学们的反馈怎么样呢？从您的角度了解，大家获得的收获大吗？
B（王老师）：我这边每年都会对学生的投入和反馈做一些调查，有的是小型问卷，有的是直接访谈。同学们的普遍反馈还不错。他们参加勤工助学之后，比之前的能力有所提高。从各院系和党政等用人部门的反馈来看，也对很多学生赞扬有加。很多同学就是通过勤工助学工作，在未来走向了学生管理岗位，包括参加辅导员留校项目等，改变还是很大的，不管是我这边，还是学生自己，收到的正面反馈都很多。

续表

A（调查者）：一般学生反馈的收获体现在哪些具体的方面呢？
B（王老师）：挺多的。有经济回报是肯定的。另外，比如做事情更高效了，时间管理能力更强了，能更好地与老师、同学相处。再比如，学生的表达能力也提高了，一些岗位需要文字写作，学生经过锻炼，文字水平也有了提升。还有，学生通过平衡工作和学习，更抗压了。而且，这些学生普遍具有感恩的精神，有价值感，也愿意通过自己的劳动去奋斗。当然，不限于这些方面，每个人的感觉还是有差异的，但整体还是不错的。
A（调查者）：好的，谢谢王老师。感谢您今天特意抽出时间接受访谈。
B（王老师）：没事儿，我很高兴有同学对这方面的研究感兴趣，后续我们可以再交流。
A（调查者）：好的，多谢您支持！

资料来源：本研究个案访谈

以上内容，为多次访谈结果的综合整理，提炼了与本研究相关的大部分访谈信息。既包括参加勤工助学的同学通过这项实践活动获得的各方面的变化和提升，也包含了学校勤工助学工作开展的整体情况。从专职工作教师、具体参与同学的角度，较客观地反映了勤工助学的实践效果，为下文研究设计以及问卷调查提供了第一手资料。

三、研究模型和研究假设

学生发展理论、社会学习理论、输入–环境–产出模型及高等教育领域的相关研究显示，在校学生的发展和收获情况受学生参与和学校环境共同影响。一方面，学生的参与程度与深度影响了学生的发展和收获；另一方面，学校是否营造了良好的环境氛围，提供了相应的机制鼓励学生参与，是影响学生发展的重要因素。对勤工助学来说，学生勤工助学的参与程度、学生自我调节能力的高低是学生获得发展的直接因素，学校是否具有良好的勤工助学整体环境、勤工助学这一活动本身开展的客观情况，是间接影响学生发展的因素。在学生发展理论的基础上，构建出勤工助学对学生发展影响的结构方程模型，并提出研究假设，通过测量量表拆分考察各因素指标，分析是否符合结构方程模型，能否验证研究假设。

1. 构建研究模型

通过上文文献综述及理论背景，本研究建立了勤工助学的环境感知、勤工助学的实践、学生的自我调节、学生的发展和收获的关系结构模型，如图6-1所示（其中，“学生的发展和收获”即“学生在勤工助学中的发展和收获”，椭圆图中的“勤工助学”即“勤工助学的实践活动”，“自我调节”即“勤工助学中学生的自我调节能力”，下同）。勤工助学的环境感知包括政策环境、物理环境、人际环境三个潜变量，学生的发展和收获包括思维认知发展、实践能力发展和自我效能发展三个潜变量。围绕四个部分共八个潜变量，本研究提出了相应的研究假设。

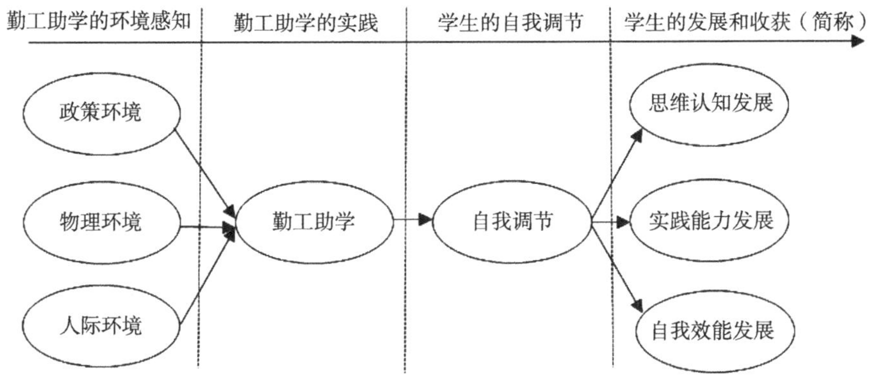

图6-1　勤工助学对学生发展影响的关系结构模型

资料来源：本研究作者绘制

2. 本研究研究假设

人与环境的互动论肯定了环境与学生发展之间的关系，认为校园环境对学生的成长有直接影响和作用。① 阿斯汀的输入－环境－产出模型也说

① 弗洛伦斯·A.汉姆瑞克，南希·J.伊万斯，约翰·H.斯苏. 学生事务实践基础[M]. 游敏惠，王凤，刘存伟，等译. 成都：四川大学出版社，2009.

明，高校学生的发展和收获受到学校环境变量影响。社会学习理论也认为环境能够对行动产生影响，勤工助学的各方面环境能够影响勤工助学的具体实践这一行动。因此，提出如下研究假设。

假设H_1：学校勤工助学的政策环境对勤工助学的实践活动有直接正向影响。

假设H_2：学校勤工助学的物理环境对勤工助学的实践活动有直接正向影响。

假设H_3：学校勤工助学的人际环境对勤工助学的实践活动有直接正向影响。

学生投入理论认为，有意义的大学教育投入激发了学生成长和认知的复杂性，促成了学生的学习和发展。社会学习理论认为，引起合适行为的环境能够帮助人们创造一些认知条件，并保持这些条件的自我强化结果，使人们把自己的行动指向有价值的目标。建构主义理论认为，学生获得经验和改变，内在建构起重要作用。个体通过与他人互动创造意义，有意义的学习和发展出现在个体参与社会活动的过程中。勤工助学作为一种实践活动为学生进行观察学习提供了环境，学生对自我的期待和替代性的期待时刻影响着学生的自我调节能力。因此，可以提出假设H_4。

假设H_4：勤工助学的实践活动对勤工助学中学生的自我调节能力有直接正向影响。

心理学家罗杰斯等指出："许多有益的知识和经验并非通过现成知识获得，而是在做的过程中获得，学生通过实际参与活动，进行自我发现、自我评价和自我创造，从而获得有价值、有意义的经验。"心理学家申克（Schunk）认为，自我调控学习能够增强学生的自我效能。当学生为自己设定具体的学习目标时，他们就能较容易地观察到自己学习上取得的进步，进而增强学生的自我效能。自我效能的发展水平同时受个体先天、内部因素的影响和外部环境因素的影响，已有研究证明了家庭、学校教育中的多种因素及学生的同伴效应都会对学生的自我效能的发展产生影响。① 学生的自我调节过程能够促进学生的自我观察与判断，帮助学生理解学习的意义与价值，运用并形成有价值的认知策略。班杜拉的社会学习理论对于自我调节对人的行为的影响上文已详细描述，勤工助学对学生发展的影响，正是通过自我调节为中介进行。因此，提出如下研究假设。

假设H_5：勤工助学中学生的自我调节能力对学生的思维认知发展有直接正向影响。

假设H_6：勤工助学中学生的自我调节能力对学生的实践能力发展有直接正向影响。

假设H_7：勤工助学中学生的自我调节能力对学生的自我效能发展有直接正向影响。

四、调查量表及操作变量设计

调查量表的科学性和准确性将直接影响测量数据的内容及质量。本部分介绍了量表设计的原则，在遵循原则的基础上设计出本研究的测量量表及问卷内容，整体包含四部分学生对参加勤工助学活动的自我感受，并具体分解到每一个问项。同时，指出本量表采用的信效度分析方法。

（一）量表设计原则

量表测量的结果决定了论文分析的数据基础，确保量表数据能够真实、准确反映勤工助学的开展情况及学生的真实感受，是论文分析合理的

① 何东涛，王永跃，葛列众．学生自我效能发展影响因素研究 [J]. 教育发展研究，2003（5）：162–165.

前提。因此，本研究量表设计遵循理论性、简洁性、信效度性、充分性四个原则。

第一，理论性原则。结构方程模型要求在真实反映客观的基础上设计模型结构，实证调查研究更强调理论和概念的操作化问题。具体的量表和问卷需要建立在有效的理论研究框架之中。本研究在大量文献综述的基础上，以学生发展理论、社会学习理论、学生投入理论、建构主义理论为基础，结合目前已有的国内外针对学生发展的测量量表，设计了勤工助学环境、勤工助学实践、学生的自我调节、学生的发展和收获四部分量表。

第二，简洁性原则。量表在借鉴从国外引进并本土化的大学生学习性投入调查（NSSE-China）、中国大学生就读经验问卷（CCSEQ）的基础上，找出与勤工助学效果相关的部分，并综合考虑勤工助学活动的各个方面，尤其是我国勤工助学活动的发展变化，设计出简单易懂的问题选项。对提问的清楚程度、问题选项的长度、学生的理解能力做了充分的考量，避免出现问题矛盾、含糊等情况，做到问卷简洁明了。

第三，信效度性原则。实证分析通常需要检验量表和问卷的测量信度和效度。量表和问卷首先需要通过信度和效度检验，再进行具体数据分析。一方面，在设计量表前期，对从事勤工助学的老师和辅导员进行了访谈，对参加勤工助学的同学进行了个案访谈，确定所要量化问题的真实有效性。另一方面，获取实证数据后，首先对数据进行量表的克伦巴赫 α 系数值检验，并采用探索性因子分析法对测量模型进行分析，去除影响因子较小的路径，再对数据进行模型分析，确保量表的整体信效度。

第四，充分性原则。实证分析涉及的四个主要变量都是潜变量，无法通过某个单项指标测量全部信息，需要采用若干个观测变量测量。为保证潜变量的信息不丢失，学界标准要求三个以上观测变量反映一个潜变量。本研究设计量表的每个潜变量都对应四至五个观测变量，以充分反映潜变量的内涵。

（二）测量量表及问卷内容

根据研究模型和研究假设，本研究需要说明在整体勤工助学的环境和实际工作过程中，学生通过勤工助学这一活动，获得了怎样的发展。因此，需要对勤工助学的环境、勤工助学的实践、学生的自我调节、学生的发展和收获四个维度建立子量表并进行测量。

NSSE-China调查采用了自我报告数据（Self-report data），自我报告数据对测量学生参与研究具有良好的适配性。研究者对自我报告数据的信度和效度进行了合理性研究，指出自我报告数据在满足以下五个条件时，具有较好的效度（Carini，2003）：第一，被访者清楚问项所包含的信息；第二，问题表述清晰无歧义；第三，询问近期发生的事情；第四，被访者认为问项的回答周全；第五，问题不能揭露受访者隐私且引导被访者以喜欢的方式回答。①

本研究调查对象是在校参加过勤工助学的大学生，调查内容包括对学校勤工助学开展情况的评价和自我收获感受，符合以上自我报告数据的要求。下面将具体介绍几个量表（勤工助学的环境感知量表、勤工助学的实践量表、学生的自我调节量表、学生的发展和收获量表）的具体内容。

在对各个部分量表设计的基础上，将量表整合到调查问卷中。整个调查问卷共涉及五个部分：第一部分是对勤工助学的整体学校环境评价，第二部分是对勤工助学开展情况的说明，第三部分是勤工助学中学生自我调节的过程，第四部分是学生在勤工助学中的发展和收获，第五部分是学生的基本信息和具体情况，问卷前四部分设计采用的是李克特量表。具体问卷设计参见本研究附录。

量表由多个项目构成复合分数的测量工具，目的在于反映不易用直接方法测量的理论变量水平。对某些根据理论推断存在但无法直接测量的现

① CARINI R M，HAYEK J C，KUH G D，et al. College student responses to web and paper surveys：does mode matter[J]. Research in higher education，2003，44（1）：1–19.

象，或没有现成可用的量表，需要编制本量表。①

1. 勤工助学的环境感知量表

学生发展理论表明，人与环境相互作用客观存在。如桑福德提出，学生的行为受有益的环境因素影响，环境的高质量支持有助于学生接受挑战。输入–环境–产出论模型表明，环境包括在教育实践中所有可能引起学生产出的事件，是学生在教育实践中的实际体验，通常包括行政人员、教师、硬件设施、学习氛围、学生团体等变量。发展生态学模型也提供了解释校园环境如何促进或抑制学生发展的思路（Renn & Arnold，2003）。

基于以上理论，考虑与勤工助学直接相关的可测指标，本文主要从政策环境、物理环境、人际环境三个方面衡量能够影响勤工助学的校园环境，具体内容如表6–3所示。

表6–3　勤工助学的环境感知量表

维度	观察问项	观察问项理论来源
政策环境	勤工助学的规章制度	Alexander W. Astin（1984）； Pascarella（1985）； Urie Bronfenbrenner（1979）
	勤工助学申请途径的清晰度	
	勤工助学的工作氛围	
	具体工作职责及内容的清晰度	
	获得劳动报酬的清晰度	
物理环境	学校整体提供的生活条件	Nevitt Sanford（1962，1967）； Albert Bandura（1979）
	工作中使用校园网的方便程度	
	图书馆资源的丰富和便利程度	
	勤工助学岗位的工作环境	
	勤工助学可用的物资设备	

① 罗伯特·F.德威利斯.量表编制：理论与应用[M].席仲恩，杜钰，译.重庆：重庆大学出版社，2016：11.

续表

维度	观察问项	观察问项理论来源
人际环境	教师在勤工助学中给予的指导	Albert Bandura（1979）；Chickering（1993）；朱红、李雪凝（2011）
	与行政人员之间的互动	
	直接上司在勤工助学中给予的指导	
	与同学之间的互动	
	通过勤工助学认识的新同学	

资料来源：本研究作者设计

2. 勤工助学的实践量表

勤工助学是大学生资助政策中的一种实践活动，如何将勤工助学这一概念可操作化，是测量的重点和难点。操作化应既包括勤工助学的定义，也包括勤工助学与学生发展可能的联系。从勤工助学的定义出发，“勤工助学是指学生在学校的组织下利用课余时间，通过劳动取得合法报酬，用于改善学习和生活条件的社会实践活动。”用以下几项问题，在包含定义的基础上表示勤工助学实践活动的本身，体现学校对勤工助学的实现程度，具体内容如表6–4所示。

表6-4　勤工助学的实践量表

维度	观察问项	观察问项理论来源
勤工助学的实践	投入勤工助学的时间	Alexander W. Astin（1984）；《高等学校勤工助学管理办法（2018年修订）》（教财〔2018〕12号）
	通过勤工助学获得的报酬	
	改善学习和生活条件的程度	
	勤工助学与学业的关联程度	
	勤工助学中受到的培训和指导	

资料来源：本研究作者设计

3. 学生的自我调节量表

上文的理论研究表明，无论是社会学习理论还是建构主义理论，都阐述了自我调节作为认知中介在自我建构中的重要作用，此部分内容反映了学生在参加勤工助学之中发挥的主观能动性，也是本研究重点关注的部分。那么，是什么因素促成了学生在勤工助学中的成长，什么因素催化了学生在勤工助学活动中的实践感悟和收获，对此，本研究设计了学生自我调节量表，如表6–5所示。

表6–5　学生的自我调节量表

维度	观察问项	观察问项理论来源
学生的自我调节	主动强化自己的行为以符合岗位期待	Albert Bandura（1979）；K. J. Gergen（1991）；Vygotsky（1996）；Schlossberg（2006）
	学习他人好的工作方法或优点	
	正确面对工作中的批评和表扬	
	根据反馈调整自己的工作状态并持续	
	对自我有正确认识	

资料来源：本研究作者设计

4. 学生的发展和收获量表

学生的发展和收获是教育活动的直接或间接产出，也是本文的研究重点。鲍恩（Bowen）认为学生收获包括认知学习、实践能力、情感道德发展三方面内容。佩斯（Pace）认为学生的发展可以分为自我认知、通识教育、智力提升、理解科学四个维度。阿斯汀（Astin）则认为可以将学生收获分为认知收获和情感收获两种类型。本研究认为，学生的发展尤其是通过勤工助学获得的发展，应该包括以上分类中共同包括的思维认知和实践能力，但不局限于此。学生的个案访谈结果显示，自我能力感的提高是每个访谈对象的强烈感受。因此，在已有理论的基础上，根据实际调研结果，本研究将学生的发展收获分为思维认知、实践能力和自我效能三部分，具体观察问项初步设置如表6–6所示。

表6-6 学生的发展和收获量表

维度	观察问项	观察问项理论来源
思维认知发展	分析与解决问题的能力	Pascarella（1985）； Kamii（1996）； Cobb（1999）； Schlossberg（2006）； 朱红、李雪凝（2011）； 廖述平、张丽红（2016）
	劳动意识的培养	
	责任感的培养	
	价值观和奋斗精神	
实践能力发展	书面表达能力	Kub（1995）； Dugan（2006）； Soria，Nobb & Fink（2013）； 牛京平（2002）； 杨钋、范皑皑、管蕾（2013）
	团队合作的意识和能力	
	拓展社交网络的能力	
	面对新挑战或压力的能力	
自我效能发展	养成习惯和自我管理	Albert Bandura（1992）； Schunk（1994）； 肖雯、李林英（2010）
	刻意锻炼和完善性格	
	有信心完成自己设定的目标	
	对工作和生活的积极态度	

资料来源：本研究作者设计

（三）量表的信效度分析方法

完成测量量表编制后，需要考察设计量表能否达到有效性。使用调查数据所得结果建立结构方程模型时，调查数据是否能够说明调查的结论，也需要对数据的可信程度、有效程度进行分析，即量表的效度和信度检验。

1.量表效度检验

效度是指测量工具能够正确测量出所要测量问题的程度。效度用来考虑测量的问题是否能够有效反映要解释的理论或问题，包括是否能够合理反映潜变量。效度测量的方法有很多，本研究主要采用具有代表性的内容效度、构造效度、区别效度来测量。①

① 易丹辉. 结构方程模型方法与应用[M]. 北京：中国人民大学出版社，2008.

内容效度。内容效度反映量表的内容与研究问题的适合性，即量表设置的问项是否反映将要测量的全部内容。适合性包含两方面含义：一是测量问项能否反映研究主题。二是反映主题内容范围的程度。因而，若量表内容既能包括概念和理论的基础性，又具有内容延展性，能够涵盖研究问题的各方面，则具有优良的内容效度。一般内容效度是定性的判定，往往根据专家的主观评估及判断而定。

构造效度。构造效度也称结构效度，指测量量表的内容能够反映抽象概念的水平。其评估依据是原有理论与测量工具的匹配程度，测量从属于相同构念的不同测量问项能否如预期一样集中于同一潜变量。量表的构造效度高表现在同一潜变量下的测量问项之间独立性较好，而不同潜变量测量问项之间的相关程度较低，前者为测量量表的收敛效度，后者为量表的区别效度。

区别效度。区别效度反映不同构念测量指标的不相关性。具体来说，指同一构念的数个指标不但都产生一致的结果或趋同，而且测量相反的构念时，全部都得出相异的结果或负相关。① 通常使用三种方法测量区别效度：一是采用相关系数矩阵判断。相同潜变量的不同问项之间的相关系数大于该潜变量与其他任何潜变量问项之间的相关系数，说明潜变量的问项有较高区别效度（Campell & Fiske，1959）。② 二是任何两个潜变量的相关系数加减两倍标准差的置信区间不包括1，说明潜变量的问项有较高区别效度（Anderson & Gerbing，1988）。③ 三是如果任意潜变量所包含的问项方差大于该潜变量与其他潜变量之间的方差，即一个潜变量的平均析出方差（AVE）大于它与其他任一潜变量的相关系数的平方，说明潜变量

① 劳伦斯·纽曼. 社会研究方法：定性和定量的取向（第五版）[M]. 郝大海，译.北京：中国人民大学出版社，2007.

② CAMPBELL D T，FISKE D W. Convergent and discriminant validation by the multitrait–multimethod matrix[J]. Psychological bulletin，1959，56（2）：81.

③ ANDERSON J C，GERBING D W. Structural equation modeling in practice：a review and recommended two–step approach[J]. Psychological bulletin，1988，103（3）：411.

有较高的区别效度（Fornell & Larceker，1981）。[①]

2. **量表信度检验**

信度指测量结果的一致性程度或可靠性程度。同一受访者在不同时间以相同工具测量，两次测量结果越一致，信度越高。信度主要检测被收集的数据的可靠性，通常从稳定性、等值性及内部一致性角度来测量。具体有重测信度、折半信度、阿尔法信度系数、构造信度等。[②]阿尔法信度系数由克伦巴赫（Cronbach，1951）提出，所以也称克伦巴赫阿尔法信度系数（简称克伦巴赫α系数或α系数），常用来测量李克特量表的内部一致性。α系数把一组分数的变异看成实际差异和误差，计算α系数即是计算实际差异的方差占总方差的比例。α系数越接近于1，信度越高。通常情况下，该系数大于或等于0.7，认为内部一致性较高；处于0.35 — 0.7，认为内部一致性较普通，小于0.35则较低。如表6–7所示。

表6–7　克伦巴赫α系数值判断标准

克伦巴赫α系数值	量表可信度
$\alpha<0.35$	不可信
$0.35\leqslant\alpha<0.5$	普通可信
$0.5\leqslant\alpha<0.7$	可信
$0.7\leqslant\alpha<0.9$	很可信
$\alpha\geqslant0.9$	十分可信

五、结构方程模型

勤工助学是一项具体的实践活动，形式种类丰富多样，单一问项的测量指标难以反映勤工助学的内涵。学生发展的延展也包罗万象，涵盖学生

① FORNELL C，LARCKER D F. Evaluating structural equation models with unobservable variables and measurement error[J]. Journal of marketing research，1981，18（1）：39–50.

② 易丹辉. 结构方程模型方法与应用[M]. 北京：中国人民大学出版社，2008.

成长的方方面面，单一问项测量指标同样难以反映其具体含义，而勤工助学通过何种因素对学生发展产生影响，包括可能产生的各因素之间的联系，显然也不能由单一变量解释。

结构方程模型的研究方法能够解决上述问题。简单来看，可以将结构方程模型理解为因子分析和路径分析的结合。因子分析本质是一种信息浓缩的分析方法，能够通过设计多个变量解释勤工助学、学生发展等概念。而路径分析，能够考虑多个变量之间的直接关系或间接关系，同时可以分析自变量和因变量的相互关系，形成递归模型或非递归模型，从而包含多个回归方程，可以在很大程度上排除对自变量和因变量的限制，满足勤工助学对学生发展整体结构的探索。现简单介绍结构方程模型的机理及分析步骤。

（一）结构方程模型的内涵

结构方程模型（Structural Equation Model，SEM）是20世纪70年代发展起来的一种统计模型，是一种基于协方差矩阵分析多变量关系的统计方法。它整合了因子分析和路径分析两种统计方法，由统计学者约雷斯科、基辛、威利（Joreskog，1973；Keesing，1972；Wiley，1973）共同提出。20世纪90年代后，结构方程模型成为主流的统计方法之一，在社会学、心理学、教育学、经济学等相关学科得到了大量应用。适用于结构方程模型分析的常用软件有LISREL和AMOS。[①]

1. 结构方程模型的优点[②]

第一，具有理论先验性。SEM需要建立在一定的理论基础上，即SEM是一种用以验证先期提出的理论模型的适切性的一种统计技术，被视为一种验证性而非探索性统计方法。

第二，可以同时处理测量与分析问题。与传统的统计方向相对，SEM是将“测量”与“分析”整合为一的研究技术，SEM将不可直接观察概

① 吴明隆. 结构方程模型：AMOS 的操作与应用[M]. 重庆：重庆大学出版社，2009.

② 邱皓政，林碧芳. 结构方程模型的原理与应用[M]. 北京：中国轻工业出版社，2009.

念以潜变量的形式、用观测变量的模型化加以估计。

第三，以协方差的运用为核心，亦可处理平均数估计。SEM分析的核心概念是变量的协方差（Covariance）。此协方差具有两种功能。一是描述性功能，利用变量之间的协方差矩阵，观察出多个连续变量之间的关联情形；二是验证性功能，以反映理论模型导出的协方差与实际观测得到的协方差之间的差异。

第四，适用于大样本分析且包含多种统计技术。SEM处理的数据变量较多，且变量之间关系较复杂，需用较大样本数维持统计假设。SEM分析的稳定性和各种指标的适用性也与样本规模相关。穆勒（Mueller，1997）认为单纯的SEM分析，样本数量至少应该在100以上，200以上更佳。若从模型观察变量数来分析样本人数，则样本数与观察变量的比例为10：1至15：1之间（Thompson，2000）。[①] 另外，SEM包含了因子分析和路径分析两种统计技术，模型允许自变量存在误差，允许多个因变量，且因变量间存在相互影响关系。

第五，重视多重统计指标的运用。SEM注重整体模型比较，主要考虑整合性系数。个别检验是否具有特定的统计显著性不会成为SEM分析的重点。SEM有多种不同的统计评估指标，不过度依赖单一指标。由于SEM涉及大样本分析，样本越大，SEM分析的核心概念卡方统计量的显著性越易受扭曲。因此，SEM较少讨论与统计显著性相关的第一类和第二类错误，而是考虑模型的整体拟合情况。

2.结构方程模型中的变量

潜变量与显变量。潜变量是不能直接测量的变量，显变量是可以直接进行测量的变量，也称测量变量。研究中，通常将难以操作化的变量作为潜变量，把能够解释这一潜变量的可操作化指标作为显变量，以间接地测量潜变量。例如，本研究中的“学生发展”无法直接观测，可通过学生自

---

① COOK C，HEATH F，THOMPSON R L. A meta-analysis of response rates in web-or internet-based surveys[J]. Educational and psychological measurement，2000，60（6）：821-836.

我报告的方式获得。学生自我报告的指标值就是显变量，而“学生发展”就是对应的潜变量。

内生变量与外生变量。在一个因果关系或相关关系中，一些变量自身的变化是因果关系的起因，它的变化引起了其他变量的改变，形成结果。这些自身变化的变量被称为外生变量，而由自变量的改变而引起变化的变量，即产生的影响或结果，被称为内生变量，相当于因变量。

3.结构方程模型的结构

结构方程模型由测量模型（Measured model）和结构模型（Structural model）组成。测量模型反映潜变量与观测变量间的共变效果；结构模型描述各个潜变量之间或一组观测变量与潜变量之间的联结关系。其数学公式表示如下①。

测量模型：

$$x = \Lambda_x \xi + \delta \qquad \text{公式（6-1）}$$

$$y = \Lambda_y \eta + \varepsilon \qquad \text{公式（6-2）}$$

结构模型：

$$\eta = \beta_n + \Gamma \xi + \zeta \qquad \text{公式（6-3）}$$

公式6-1是外生变量的测量模型，x是外生观测变量，ξ为外生潜变量，Λ_x是外生观测变量在对应潜变量上的因子载荷量，δ为外生潜变量的测量误差。公式6-2是内生变量的测量模型，y是内生观测变量，η为内生潜变量，Λ_y是内生观测变量在对应潜变量上的因子载荷量，ε为内生潜变量的测量误差。测量模型需要满足以下三个前提条件：E（ξ）= 0，E（δ）=0，E（η）=0，E（ε）=0；ε与η、ξ及δ无关；δ与ξ、η及ε也无关。

公式6-3是结构模型，β_n表示内生变量之间的影响作用，Γ代表内生变量未能被模型所解释的误差项。结构模型需要满足以下三个前提条件：E（η）=0，E（ξ）=0，E（ζ）=0，ζ与ξ不相关，（Γ-β）为非奇异矩阵。

① 王卫东.结构方程模型原理与应用[M].北京：中国人民大学出版社，2010.

4. 结构方程模型的拟合评价指标

（1）卡方自由度比值（x^2/df）

卡方值（x^2）可以用于反映模型的拟合度，但参数过多或过少，都会影响x^2值及其检验效果。卡方自由度比值（x^2/df）也称规范卡方（Normed Chi-Square），能够调节模型的复杂程度，能相对恰当地选择参数不过多的模型。但因为x^2/df值容易受样本容量的影响，对于评价单个模型意义不大。在模型比较时，x^2/df值比x^2值更有参考价值，x^2/df值在2到5之间时，表示可以接受模型，值越小表示模型适配程度越高。但x^2/df值易受样本容量影响的缺点使其他拟合指数得到发展。

（2）渐进残差均方和平方根（RMSEA）

总体RMSEA= $\sqrt{\dfrac{F_0}{df}}=\sqrt{\max\left(\dfrac{F_{ML}}{df}-\dfrac{1}{N-1},0\right)}$；估计的RMSEA= $\sqrt{\dfrac{\hat{F}_0}{df}}$

公式中，F_0为总体差异函数值，表示一个模型被用来适配总体协方差矩阵时的适配函数估计值，$\hat{F}_0$是拟合函数的最小值，df为自由度，斯泰格（Steiger，1989）认为RMSEA值小于0.05时，表示模型有良好的适配。麦卡勒姆等（1996）进一步指出，RMSEA值介于0.08至0.1之间，模型是普通适配，但RMSEA值超过0.1，模型呈现不良适配。

（3）非范拟合指数（NNFI，即TLI）

本特勒、博内特（Bentler & Bonett，1980）①提出用虚模型为基准来衡量模型的拟合改进程度，赋予TLI（Tucker & Lewis，1973）②新的内涵，命名为非范拟合指数（Non-Normed Fit Index，NNFI）③。NNFI指标的数值介于0（模型完全不适配）到1（模型完全适配）之间，它修正了赋范拟合指数（Normed Fit Index，NFI），将自由度或模型的复杂度考虑在内，

① BENTLER P M，BONETT D G. Significance tests and goodness of fit in the analysis of covariance structures[J]. Psychological bulletin，1980，88（3）：588.

② TUCKER L R，LEWIS C. A reliability coefficient for maximum likelihood factor analysis[J]. Psychometrika，1973，38（1）：1-10.

③ 侯杰泰，温忠麟，程子娟. 结构方程模型及其应用[M]. 北京：教育科学出版社，2004.

因为在样本量较少的时候，NFI值容易低估拟合程度。

（4）拟合指数（CFI）

本特勒在国际著名的心理学刊物《心理学公报》（*Psychological Bulletin*）中提出了拟合指数（Comparative Fit Index，CFI）[①]。对于基于真模型的小样本如N=50，CFI的标准差比NNFI等其他指数的标准差小，因而不受样本容量的影响，它的取值范围在0—1。另外，CFI指标是一种改良的NFI指标值，它代表测量从最限制模型到最饱和模型时，非集中参数（Non-Centrality Parameter，NCP）的改善情形，并且以非集中参数的卡方分布及非集中参数来定义，CFI指标越接近1，表示越能有效改善非集中性的程度。

（二）结构方程模型的分析步骤

结构方程模型一般有以下四个分析步骤[②]。

1.模型设定

针对具体的问题，首先需要确定模型中有几个潜变量，各个潜变量分别由哪些观测变量测量，潜变量中的内生变量、外生变量是什么，各潜变量之间的路径关系。测量模型和结构模型均需要根据已有理论提出，研究问题和假设要符合科学研究的逻辑。

2.模型拟合

模型拟合是将设定的模型代入获得的具体样本数据中，对模型求解，即对模型进行参数估计。参数估计的方法根据样本数据的属性、样本量、分布特征等来确定，常用的方法有最大似然法和最小二乘法。本研究采用最大似然法，使建构模型中隐含的协方差矩阵与样本的协方差矩阵尽量接近。

---

① BENTLER P M. Comparative fit indexes in structural models[J]. Psychological bulletin，1990，107（2）：238.

② 王卫东.结构方程模型原理与应用[M].北京：中国人民大学出版社，2010.

3.模型评估

根据模型求解结果，对模型的有效性进行评估。评估主要考虑以下内容：模型的各个参数是否显著；模型的各个参数是否合理，具体路径是否与研究常识相悖；评估模型的整体是否能够很好地拟合样本数据。

4.模型修正

在模型无法拟合的情况下，需要对模型进行修正。对于可以拟合的模型，也要根据模型评估的结果对模型进行修正。不断反复重复步骤一到步骤四，以得到最合理、解释性最强、对样本数据拟合良好的最终模型。需要指出的是，不能仅仅从追求模型拟合度出发来随意修改路径，要注意模型具有理论解释价值，符合研究逻辑。

六、多元线性回归模型

在设计问卷中，根据参加勤工助学的学生反馈可知，勤工助学对学生发展产生的影响较大，涉及面较广。因此，对于学生某方面发展的具体影响、对勤工助学政策设计的某方面反馈，均是需要考虑的因素，但若都包含在结构方程模型中，不仅会增加模型的复杂性，还会降低模型的解释力和适用范围。对此，采用多元线性回归模型对具体问题进行分析可以解决这个问题，且问卷拟采用李克特五分类量表的设计方法，每个问项均可视为连续变量，满足多元线性回归模型对数据分析的类别要求。下文简单介绍多元线性回归模型的内涵和分析步骤。

（一）多元线性回归模型的内涵

多元线性回归模型，指包括一个或多个自变量的回归模型。在实际问题中，因变量y可以与k个自变量即预测变量相关，多元线性回归模型探讨这种k个自变量x对一个因变量y的影响，其模型表达式如下。[①]

① MONTGOMERY D C, PECK E A, VINING G G. Introduction to linear regression analysis[M]. Hoboken: John Wiley & Sons, 2012.

$$y_i = \hat{y}_i + e_i = \beta_0 + \beta_1 x_1 + \beta_2 x_2 + \cdots + \beta_k x_k + e_i \qquad \text{公式（6-4）}$$

其中e_i为随机误差，被假定为服从均数为0的正态分布。每个因变量的实测值y_i由两部分组成，估计值$\hat{y}_i$和残差e_i，参数β_j（$j = 0$，1，⋯，k）称为回归系数，β_j表示当其他所有回归变量x_i（$i \neq j$）都保持不变时，x_i每变化一个单位，y_i均值的变化的期望值，参数β_j（$j = 0$，1，⋯，n）称为偏回归系数。

进行多元回归分析需要满足：自变量与因变量之间存在线性关系；各观测变量之间相互独立，任意两个观测残差的协方差为0；残差e_i服从正态分布N（0，σ^2），e_i的大小不随所有变量取值水平的改变而改变，即方差齐性。

建立回归方程后，需要判断方程在何种程度上解释了因变量的变化，回归方程是否有效，并进行线性拟合度检验，通常使用方差分析和复相关系数进行检验。复相关系数R的平方R^2表示回归平方和与总平方和的比值，也称为决定性系数或判别系数，由于用R^2评价拟合模型的好坏有一定的局限性，即使向模型中增加的变量没有统计学意义，R^2值仍会增大，从而产生了新的矫正的决定系数 R^2_{adj}，R^2_{adj}值越大，模型效果越好。通常情况下，社会科学研究者可能认为$R > 0.4$已经足够好。①并且，除非R^2值相当低，否则基本假设与模型适用性不存在根本性的问题。②

（二）多元线性回归模型的分析步骤

第一，绘制散点图。通过散点图观测变量之间的趋势。第二，数据预处理。考察数据的分布，观察变量间的趋势。第三，初步建模。对数据进行直线回归分析，包括变量的初筛、变量选择方法等的确定。第四，残差分析。这是模型诊断的第一步，主要分析两个方面，一是残差是否独立，一般采用（Durbin-Watson）残差序列相关性检验分析；二是残差分布是

① 张文彤，董伟. SPSS统计分析高级教程[M].北京：高等教育出版社，2004.

② 道格拉斯·C.蒙哥马利，伊丽莎白·A.派克，G.杰弗里·瓦伊宁. 线性回归分析导论（第五版）[M]. 王晨勇，译. 北京：机械工业出版社，2016.

否为正态，通常采用直方图的方法。第五，诊断强影响点及多重共线性。一般通过方差膨胀因子（VIF）判断。

以上五个步骤全部通过，才能保证输出的是统计学意义上的无误模型，在此之后再考虑模型的专业应用意义。

综合以上各种方法，勤工助学的实证研究思路就是根据文献内容、个案访谈资料以及理论背景构建了研究模型，即勤工助学的整体环境影响勤工助学具体实践，勤工助学具体实践通过以学生的自我调节为中介，对学生的发展产生了积极的影响，从而提出了本部分的七个研究假设。在量表设计原则指导下，通过概念化操作设计了勤工助学整体环境感知量表、勤工助学实践量表、学生在勤工助学中的自我调节量表、学生在勤工助学中的发展和收获四个子量表，并说明了量表信度和效度检验的方法。最后，介绍了实证数据的分析方法，结构方程模型和多元线性回归模型，分别解释了两种模型的内涵、应用范围和分析步骤。

七、研究模型与方法总结

根据文献内容、个案访谈资料以及理论背景构建的研究模型，提出了对学生发展产生积极影响的七个研究假设。在量表设计原则指导下，通过概念化操作设计了勤工助学整体环境感知量表、勤工助学实践量表、学生在勤工助学中的自我调节量表、学生在勤工助学中的发展和收获四个子量表。其中，勤工助学的环境感知包括政策环境、物理环境和人际环境。学生的发展和收获包括思维认知、实践能力和自我效能。说明了量表信度和效度检验的方法，包括克伦巴赫α的信度检验，内容效度、结构效度、区别效度检验。最后，介绍了实证数据的分析方法、结构方程模型和多元线性回归模型，分别解释了两种模型的内涵，应用范围和分析步骤。

第七章　勤工助学对学生发展的影响机制分析

勤工助学对学生发展产生的影响涉及很多方面。本章在上文构建的研究模型的基础上，通过试调查确定测量量表，然后根据正式调查回收的数据，正式确定了勤工助学的环境感知量表、勤工助学的实践量表、学生在勤工助学中的自我调节量表（下文视需要简称为“学习的自我调节量表”）、学生在勤工助学中的发展和收获量表（下文视情况简称为“学生的发展和收获量表”）四个量表，量表通过信度和效度检验后，分别进行探索性因子分析和验证性因子分析，最终形成结构方程全模型。本章为研究的核心章节，定量分析说明了勤工助学对学生发展产生了什么样的影响，以及为何产生这样的影响。模型结果对上文提出的H_1—H_7七个研究假设进行验证，发现了勤工助学对学生发展的促进作用和实质效果。

一、试调查研究

为使测量回收的数据能最大程度反映所要研究的问题，在正式调查研究之前，进行小样本的试调查研究，以删除信度较低的测量问题，形成信度、效度较高的正式测量问卷。

（一）试调查的样本收集

首先，在对参加勤工助学的学生、专职负责勤工助学工作的教师、高等教育管理领域研究的专家深入访谈的基础上，形成适合理论基础和假设的试调查问卷。其次，请十位同学对问卷进行面对面回答，了解他们填答问卷的感受及问卷中存在的问题。根据同学们的反馈结果修改问卷，请负责勤工助学工作的教师再次提出建议后，慎重考虑删减一些问项，调整几个问题的提问方式后，形成初测问卷，共47个问题项，填写完一份问卷需要5分钟左右。然后，研究者对预测问卷进行了试调查，发放50份问卷，共回收有效问卷48份。剔除留置填写质量不高的2份问卷，最终选出合格的46份有效样本进行分析，样本有效回收率92%。

（二）测量问项净化

测量问项净化分析采用问项与潜变量的相关分析来净化测量项目。包括信度分析、问项与潜变量的相关分析，根据分析结果删除一致性较差的问项，为探索性因子分析提供净化后的数据。通过信度分析来判断不同问项与同一潜变量的一致程度，以估计的克伦巴赫α系数为标准，剔除信度较低的问项。普遍认同的标准为：克伦巴赫α系数大于0.6；测量问项与潜变量相关性大于0.5，对相关性小于0.5且删除后能够增加总信度系数（总克伦巴赫α系数）值的问项进行删除。①

如上所述，本研究测量量表的潜变量有勤工助学的政策环境、物理环境、人际环境、勤工助学本身的评价、学生的自我调节、思维认知、实践能力、自我效能八个部分，下面用SPSS24.0逐一对每个潜变量的问项进行净化。

1.勤工助学的环境感知量表

如表7-1所示，首行每一栏的内容含义依次为：删除问项后的平均值、删除问项后的方差、修正后的问项与总计相关性、删除问项后的克伦

① 杨玲丽. 企业共生关系的社会建构：结构方程模型的应用[M]. 上海：上海社会科学院出版社，2014.

巴赫α系数。其中，后两栏比较重要，如果相关性过低，可以考虑将该问项删除。最后一栏表示删除该问项后α系数的变动，如果此系数上升，则说明问项区分性不好，删除此问项可以提高问卷的信度。

表7–1中，勤工助学的政策环境中修正后的问项与总计相关性均大于0.5，删除问项后的克伦巴赫α系数大于0.6，总信度系数为0.908，信度较高，所以不删除问项。

表7–1 勤工助学的政策环境问项总统计量

问项（观察问项）	删除问项后的平均值	删除问项后的方差	修正后的问项与总计相关性	删除问项后的克伦巴赫α系数
勤工助学的规章制度	17.63	6.149	0.824	0.882
勤工助学申请途径的清晰度	17.37	6.994	0.784	0.885
勤工助学的工作氛围	17.22	7.818	0.755	0.893
具体工作职责及内容的清晰度	17.24	7.253	0.795	0.882
获得劳动报酬的清晰度	17.24	7.875	0.740	0.895
总信度系数	总克伦巴赫α系数=0.908			

如表7–2所示，勤工助学的物理环境中修正后的问项与总计相关性均大于0.5，删除问项后的克伦巴赫α系数大于0.6，总信度系数为0.914，信度较高，所以不删除问项。

表7–2 勤工助学的物理环境问项总统计量

问项（观察问项）	删除问项后的平均值	删除问项后的方差	修正后的问项与总计相关性	删除问项后的克伦巴赫α系数
学校整体提供的生活条件	17.57	5.762	0.814	0.890
工作中使用校园网的方便程度	17.70	5.328	0.743	0.904
图书馆资源的丰富和便利程度	17.76	5.075	0.774	0.900
勤工助学岗位的工作环境	17.50	5.944	0.810	0.894
勤工助学可用的物资设备	17.65	5.343	0.821	0.886
总信度系数	总克伦巴赫α系数=0.914			

如表7-3所示，勤工助学的人际环境中修正后的问项与总计相关性均大于0.5，删除问项后的克伦巴赫α系数大于0.6，总信度系数为0.888，信度较高，所以不删除问项。

表7-3　勤工助学的人际环境问项总统计量

问项（观察问项）	删除问项后的平均值	删除问项后的方差	修正后的问项与总计相关性	删除问项后的克伦巴赫α系数
教师在勤工助学中给予的指导	16.24	10.142	0.675	0.876
与行政人员之间的互动	16.50	9.633	0.832	0.841
直接上司在勤工助学中给予的指导	16.00	11.422	0.619	0.889
与同学之间的互动	16.41	9.892	0.777	0.854
通过勤工助学认识的新同学	16.76	8.142	0.800	0.854
总信度系数	总克伦巴赫α系数=0.888			

2.勤工助学的实践量表

如表7-4所示，勤工助学的实践量表中“投入勤工助学的时间”这一问项与总计的相关性修正后为0.450（小于0.5），若删除该项，总克伦巴赫α系数能够从0.848提高到0.864，但是考虑到“投入勤工助学的时间”这一指标是测量勤工助学投入精力程度的重要指标，其他指标不能包含此含义。且0.450距离0.5的要求并不远，删除后，克伦巴赫α系数仅提升0.016，差别不大，故保留该指标。其他修正后的问项与总计相关性均大于0.5，删除问项后的克伦巴赫α系数大于0.6，总信度系数为0.848，信度较高，因此各问项均保留。

表7-4　勤工助学的实践量表问项总统计量

问项（观察问项）	删除问项后的平均值	删除问项后的方差	修正后的问项与总计相关性	删除问项后的克伦巴赫α系数
投入勤工助学的时间	14.26	10.464	0.450	0.864
通过勤工助学获得的报酬	14.13	8.071	0.793	0.779
改善学习和生活条件的程度	13.91	8.126	0.783	0.782

续表

问项（观察问项）	删除问项后的平均值	删除问项后的方差	修正后的问项与总计相关性	删除问项后的克伦巴赫α系数
勤工助学与学业的关联程度	14.50	8.478	0.554	0.854
勤工助学中受到的培训和指导	13.72	8.607	0.752	0.794
总信度系数	总克伦巴赫α系数=0.848			

3.学生的自我调节量表

如表7–5显示，学生的自我调节量表中修正后的问项与总计相关性均大于0.5，删除问项后的克伦巴赫α系数大于0.6，总信度系数为0.928，信度较高，所以不删除各问项（“主动强化自己的行为以符合期待”问项删除后虽能增加信度值，但因修正后的问项与总计相关性大于0.5，所以不能删除）。

表7–5 学生的自我调节量表问项总统计量

问项（观察问项）	删除问项后的平均值	删除问项后的方差	修正后的问项与总计相关性	删除问项后的克伦巴赫α系数
主动强化自己的行为以符合期待	16.72	7.896	0.696	0.943
学习他人好的方法和优点	16.54	8.120	0.889	0.897
正确面对工作中的批评和表扬	16.48	8.388	0.819	0.910
根据反馈调整自己的工作状态并持续	16.48	8.300	0.844	0.906
对自我有正确认识	16.65	8.365	0.859	0.904
总信度系数	总克伦巴赫 α 系数=0.928			

4.学生的发展和收获量表

如表7–6所示，思维认知发展量表中修正后的问项与总计相关性均大于0.5，删除问项后的克伦巴赫 α 系数大于0.6，总信度系数为0.908，信度较高，所以不删除各问项。

表7-6 思维认知发展量表问项总统计量

问项（观察问项）	删除问项后的平均值	删除问项后的方差	修正后的问项与总计相关性	删除问项后的克伦巴赫α系数
分析与解决问题的能力	12.67	3.869	0.748	0.900
劳动意识的培养	12.67	3.914	0.769	0.890
责任感的培养	12.54	4.343	0.856	0.867
价值观和奋斗精神	12.65	4.054	0.831	0.867
总信度系数	总克伦巴赫α系数=0.908			

如表7-7所示，实践能力发展量表中修正后的问项与总计相关性均大于0.5，删除问项后的克伦巴赫α系数大于0.6，总信度系数为0.962，信度较高，所以不删除各问项（“团队合作的意识和能力”问项删除后虽能增加信度值，但因修正后的问项与总计相关性大于0.5，所以不能删除）。

表7-7 实践能力发展量表问项总统计量

问项（观察问项）	删除问项后的平均值	删除问项后的方差	修正后的问项与总计相关性	删除问项后的克伦巴赫α系数
书面表达能力	12.17	7.658	0.894	0.954
团队合作的意识和能力	11.96	8.131	0.862	0.963
拓展社交网络的能力	12.00	7.644	0.947	0.938
面对新挑战或压力的能力	12.00	7.244	0.928	0.944
总信度系数	总克伦巴赫α系数=0.962			

如表7-8所示，自我效能发展量表中修正后的问项与总计相关性均大于0.5，删除问项后的克伦巴赫α系数大于0.6，总信度系数为0.956，信度较高，所以不删除各问项（“对工作和生活的积极态度”问项删除后虽能增加信度值，但因修正后的问项与总计相关性大于0.5，所以不能删除）。

表7-8　自我效能发展量表问项总统计量

问项（观察问项）	删除问项后的平均值	删除问项后的方差	修正后的问项与总计相关性	删除问项后的克伦巴赫α系数
养成习惯和自我管理	12.26	6.686	0.895	0.940
刻意锻炼和完善性格	12.33	6.580	0.905	0.937
有信心完成自己设定的目标	12.24	6.408	0.926	0.931
对工作和生活的积极态度	12.15	7.021	0.839	0.957
总信度系数	总克伦巴赫α系数=0.956			

（三）信度和效度检验

信度反映测量结果的一致性和稳定性，上文的测量问项净化过程中使用的克伦巴赫α系数，是测量量表项目之间的系统性和相关性的重要方法，取值范围在0—1，克伦巴赫α系数越高，显示量表的内部一致性越好。

如表7-9显示，8个潜变量的总克伦巴赫α系数均大于0.7，所以初测研究通过信度检验。

表7-9　初测研究的各潜变量的克伦巴赫α系数

潜变量	问项数量	总克伦巴赫α系数
勤工助学的政策环境	5	0.908
勤工助学的物理环境	5	0.914
勤工助学的人际环境	5	0.888
勤工助学的实践	5	0.848
学生的自我调节	5	0.928
学生思维认知的发展	4	0.908
学生实践能力的发展	4	0.962
学生自我效能的发展	4	0.956

效度主要反映了测量量表对实际问题的反映程度。在初测研究中，只

测量内容效度，构建效度和判别效度在正式的研究中进行检验。内容效度通常依靠专家的主观判断，可以采用德尔菲法。本研究的内容效度重点在于测量问卷反映研究问题的程度和具体问项对潜变量的解释程度。对于反映研究问题的程度，本研究聚焦于特定的高校学生资助的勤工助学这一具体类别，探讨其对参加勤工助学学生的影响。

首先，考虑到高等教育专家对某项学生资助工作的具体了解程度，以及细分领域专家的难以获得性，实施德尔菲法具有一定难度。因此，研究主要采纳勤工助学工作方面的校级、院级负责人，以及与勤工助学学生接触较多的行政人员、学生辅导员等的工作感受和建议，掌握了有效的一手实践资料。其次，测量量表遵从社会调查研究方法，考虑问卷设计的诸多细节，包括由浅入深问项设置、斟酌问题提问的方式、修改问项中有歧义的部分或难以理解的部分等，形成了较好的问项结构。最后，虽然上文的测量问项净化没有删除题目，但试调查形成于多版问卷的修改基础上，反映出测量量表具有较好的效度。

（四）本研究的测量量表

经过测量问项净化，以及对量表的信度和效度检验，最终形成基于勤工助学的环境感知量表、勤工助学的实践量表、学生的自我调节量表、学生的发展和收获量表的四个量表。整个量表显示如表7–10所示。

表7–10　本研究的测量量表

测量量表名称	量表问项
勤工助学的环境感知量表	勤工助学的规章制度
	勤工助学申请途径的清晰度
	勤工助学的工作氛围
	具体工作职责及内容的清晰度
	获得劳动报酬的清晰度
	学校整体提供的生活条件
	工作中使用校园网的方便程度

续表

测量量表名称	量表问项
勤工助学的环境感知量表	图书馆资源的丰富和便利程度
	勤工助学岗位的工作环境
	勤工助学可用的物资设备
	教师在勤工助学中给予的指导
	与行政人员之间的互动
	直接上司在勤工助学中给予的指导
	与同学之间的互动
	通过勤工助学认识的新同学
勤工助学的实践量表	投入勤工助学的时间
	通过勤工助学获得的报酬
	改善学习和生活条件的程度
	勤工助学与学业的关联程度
	勤工助学中受到的培训和指导
学生的自我调节量表	主动强化自己的行为以符合岗位期待
	学习他人好的工作方法和优点
	正确面对工作中的批评和表扬
	根据反馈调整自己的工作状态并持续
	对自我有正确的认识
学生的发展和收获量表	分析与解决实际问题的能力
	劳动意识的培养
	责任感的培养
	价值观和奋斗精神
	书面表达能力
	团队合作的意识和能力
	拓展社交网络的能力
	面对新挑战或压力的能力
	养成习惯和自我管理
	刻意锻炼和完善性格

续表

测量量表名称	量表问项
学生的发展和收获量表	有信心完成自己设定的目标
	对工作和生活的积极态度

二、数据来源及数据描述

（一）数据来源及抽样方案

本研究主要聚焦于勤工助学对学生发展的影响研究，调查研究对象为高校在校参加勤工助学的学生。受限于研究资源的可得性和调查对象的特殊性，为保证调查数据真实有效，研究样本从北京市内重点高等院校在校学生中抽取。考虑到样本的差异性和代表性，样本包括综合类大学、理工类院校、文科类院校。

研究的正式调查在北京开展，共抽取五所院校，分别是北京大学、北京科技大学、中国地质大学（北京）、北京语言大学、中央财经大学，即综合类大学1所，理工类院校2所，文科类院校2所。具体调查通过联系每所学校负责勤工助学工作的行政岗位教师，获得该校参加勤工助学学生的名单，通过留置填写和网上问卷调查的方式，随机抽取该院校参加勤工助学的在校学生填写问卷。整个调查历时三个月，共回收问卷803份，剔除无效问卷，得到有效问卷721份，问卷有效回收率为89.79%。

（二）数据描述

数据分析之前，首先对收集数据情况进行基本描述。本研究主要关注的学生背景变量包括学生的性别、学科、父母受教育程度、城乡来源、家庭人均月收入等方面，根据学生的背景特征、人数、所占比例，对数据的描述统计情况如表7-11所示。

表7-11 样本基本统计特征描述

问项	分类	频率	所占比例（%）
性别	女	368	51%
	男	353	49%
专业	理科类	93	12.9%
	工科类	388	53.8%
	文科类（不含经管、语言、艺术）	125	17.3%
	经管类	83	11.6%
	语言类	31	4.3%
	艺术类	1	0.1%
家庭人均月收入	小于等于2000	348	48.2%
	2001—3000	162	22.5%
	3001—4000	97	13.5%
	4001—5000	49	6.8%
	大于等于5001	65	9.0%
月均工作量	小于等于10小时	163	22.6%
	11—20小时	268	37.2%
	21—30小时	175	24.3%
	31—40小时	86	11.9%
	大于等于41小时	29	4.0%
参加勤工助学的原因（多选题）	减轻家庭经济负担	480	66.6%
	锻炼能力	547	75.9%
	自力更生，赚取生活费	521	72.3%
	获得志愿服务工时	65	9%
	好奇心，试试看	103	14.3%

初步样本基本情况分析完成后，使用SPSS24.0软件对研究所用的观察变量进行了最小值、最大值、平均值、方差、偏度和峰度计算，统计情况如表7-12所示。

表7-12　测量变量的描述性统计结果

测量变量	样本量	最小值	最大值	平均值	标准差	方差	偏度	峰度
勤工助学的规章制度	721	1	5	3.85	0.965	0.931	−0.679	0.194
勤工助学申请途径的清晰度	721	1	5	3.95	0.979	0.958	−0.809	0.278
具体工作职责及内容的清晰度	721	1	5	4.08	0.909	0.826	−0.992	0.960
获得劳动报酬的清晰度	721	1	5	4.12	0.946	0.895	−1.160	1.293
勤工助学的工作氛围	721	2	5	4.41	0.667	0.445	−0.833	0.169
学校整体提供的生活条件	721	2	5	4.37	0.674	0.454	−0.775	0.158
工作中使用校园网的方便程度	721	1	5	4.24	0.866	0.749	−1.167	1.272
图书馆资源的丰富和便利程度	721	1	5	4.24	0.802	0.643	−0.890	0.440
勤工助学岗位的工作环境	721	2	5	4.43	0.665	0.442	−0.830	−0.064
勤工助学可用的物资设备	721	1	5	4.33	0.753	0.567	−0.908	0.345
教师在勤工助学中给予的指导	721	1	5	4.13	0.884	0.782	−0.883	0.453
与行政人员的互动	721	1	5	3.97	0.925	0.856	−0.665	0.063
直接上司在勤工助学中给予的指导	721	1	5	4.20	0.844	0.713	−0.952	0.789
与同学之间的互动	721	1	5	4.07	0.856	0.733	−0.716	0.110
通过勤工助学认识的新同学	721	1	5	3.94	0.967	0.936	−0.738	0.181
投入勤工助学的时间	721	1	5	3.33	0.791	0.626	0.495	0.073
通过勤工助学获得的报酬	721	1	5	3.33	0.901	0.812	0.091	−0.139
改善学习和生活条件的程度	721	1	5	3.48	0.902	0.814	−0.037	−0.270
勤工助学与学业的关联程度	721	1	5	2.96	0.957	0.917	0.151	0.144
勤工助学中受到的培训和指导	721	1	5	3.80	0.903	0.815	−0.461	−0.041
主动强化自己的行为以符合期待	721	1	5	3.88	0.781	0.610	−0.444	0.401
学习他人好的方法和优点	721	1	5	4.02	0.757	0.573	−0.516	0.386
正确面对工作中的批评和表扬	721	1	5	4.04	0.723	0.523	−0.482	0.424
根据反馈调整自己的工作状态并持续	721	1	5	4.04	0.726	0.526	−0.361	−0.065

续表

测量变量	样本量	最小值	最大值	平均值	标准差	方差	偏度	峰度
对自我有正确的认识	721	2	5	4.01	0.721	0.519	–0.266	–0.366
分析与解决实际问题的能力	721	1	5	4.13	0.764	0.583	–0.701	0.511
劳动意识的培养	721	1	5	4.01	0.794	0.630	–0.659	0.578
责任感的培养	721	1	5	4.16	0.732	0.536	–0.667	0.601
价值观和奋斗精神	721	1	5	4.06	0.790	0.624	–0.634	0.284
书面表达能力	721	1	5	3.69	0.918	0.843	–0.494	0.258
团队合作的意识和能力	721	1	5	3.98	0.808	0.652	–0.583	0.251
拓展社交网络的能力	721	1	5	3.97	0.794	0.631	–0.555	0.297
面对新挑战或压力的能力	721	1	5	4.01	0.797	0.636	–0.668	0.572
养成习惯和自我管理	721	1	5	4.00	0.775	0.600	–0.467	0.069
刻意锻炼和完善性格	721	1	5	3.98	0.803	0.646	–0.520	0.121
有信心完成自己设定的目标	721	1	5	3.99	0.800	0.640	–0.554	0.216
对工作和生活的积极态度	721	1	5	4.08	0.776	0.602	–0.672	0.649
有效个案数（成列）	721	–	–	–	–	–	–	–

三、因子分析

结构方程模型分为测量模型和结构模型，测量模型描述的是潜变量如何被对应的显性指标概念化，即传统的因子分析。因子分析又分为探索性因子分析（Exploratory Factor Analysis，EFA）与验证性因子分析（Confirmatory Factor Analysis，CFA），两者的区别如表7–13所示。探索性因子分析使用SPSS24.0即可以分析，验证性因子分析使用SEM，可通过软件AMOS24.0实现。

表7-13　探索性因子分析与验证性因子分析的区别

探索性因子分析	验证性因子分析
不了解变量之间的具体相关性及因子数目	有关于变量之间关系的基本假设，明确因子数量，如变量1、4、5属于因子1
通过特征根大于等于1或碎石图决定因子个数	研究之前确切知道因子个数
每一个项目加载所有因子，即使载荷过小	仅在目标因子上加载项目

资料来源：侯杰泰 Structural Equation Model and its Applications（Coursera）课程

由表7-13可知，探索性因子分析是采用降维的方法将量表反映的问题概念模型化，但此测量模型是否适应其他样本，即测量结果是否具有可复制性，需要通过验证性因子分析来实现。严格的测量要求两者样本不同。另外，因子分析反映变量之间的内在结构，要求样本量比较充足，应至少是变量数的5倍；若实现较理想的结果，样本量应达到变量数的10倍以上。本研究变量共40个，为保证因子分析的科学性，故将所得样本数据分成两部分，前360份样本进行探索性因子分析，后361份样本进行验证性因子分析和结构方程模型拟合。

（一）探索性因子分析

探索性因子分析能够将多个测量问项转换成少数潜变量，体现一种降维的思想，通过降维将相关性高的变量结合在一起，既实现了潜变量包含更多复杂信息的能力，又简化了问题分析的复杂性。

进行探索性因子分析之前，需要检验数据是否具备因子分析的条件，一般采用KMO值（Kaiser-Meyer-Olkin Measure of Sampling Adequacy）和巴特利球形度检验（Bartlett's Test of Sphericity）来判断数据是否具备因子分析的条件。适合因子分析的KMO值在0.5 — 1，值越接近1，表示变量间的偏相关性越强，因子分析效果越好。①

① 张文彤，董伟. SPSS统计分析高级教程[M].北京：高等教育出版社，2004.

现使用SPSS24.0进行勤工助学各量表的KMO值计算和巴特利球形检验，检验结果如表7-14所示，其中最小的KMO值为0.806，巴特利球形检验均达到显著，说明勤工助学各部分的量表数据非常适合做因子分析。

表7-14　勤工助学各量表的KMO和巴特利球形检验

量表	KMO值	巴特利特球形度检验		
		近似卡方	自由度	显著性
勤工助学的环境感知量表	0.923	4018.202	105	0.000
勤工助学的实践量表	0.806	659.640	10	0.000
学生的自我调节量表	0.851	1629.506	10	0.000
学生的发展和收获量表	0.958	5239.364	66	0.000

在正式的探索性因子分析中，主要采用主成分分析法提取公因子，以最大方差法（Varimax）正交旋转，并以初始特征根大于等于1来确定因子，勤工助学的环境感知量表中15个问项的具体分析结果如表7-15和表7-16所示。

表7-15　勤工助学的环境感知量表总方差分解表

成分	初始特征值			提取载荷平方和			旋转载荷平方和		
	总计	方差/%	累积/%	总计	方差/%	累积/%	总计	方差/%	累积/%
1	8.049	53.658	53.658	8.049	53.658	53.658	4.442	29.611	29.611
2	1.731	11.539	65.197	1.731	11.539	65.197	3.271	21.809	51.420
3	1.185	7.902	73.099	1.185	7.902	73.099	3.252	21.680	73.099
4	0.713	4.752	77.851	–	–	–	–	–	–
5	0.506	3.370	81.221						
6	0.442	2.948	84.169						
7	0.396	2.642	86.811						
8	0.333	2.217	89.028						
9	0.318	2.122	91.150						

续表

<table>
<tr><th rowspan="2">成分</th><th colspan="3">初始特征值</th><th colspan="3">提取载荷平方和</th><th colspan="3">旋转载荷平方和</th></tr>
<tr><th>总计</th><th>方差/%</th><th>累积/%</th><th>总计</th><th>方差/%</th><th>累积/%</th><th>总计</th><th>方差/%</th><th>累积/%</th></tr>
<tr><td>10</td><td>0.283</td><td>1.886</td><td>93.036</td><td rowspan="6">–</td><td rowspan="6">–</td><td rowspan="6">–</td><td rowspan="6">–</td><td rowspan="6">–</td><td rowspan="6">–</td></tr>
<tr><td>11</td><td>0.279</td><td>1.861</td><td>94.897</td></tr>
<tr><td>12</td><td>0.218</td><td>1.451</td><td>96.348</td></tr>
<tr><td>13</td><td>0.202</td><td>1.348</td><td>97.697</td></tr>
<tr><td>14</td><td>0.175</td><td>1.166</td><td>98.863</td></tr>
<tr><td>15</td><td>0.171</td><td>1.137</td><td>100.000</td></tr>
<tr><td colspan="10">提取方法：主成分分析法</td></tr>
</table>

表7-16　勤工助学的环境感知量表旋转成分矩阵表

<table>
<tr><th rowspan="2">测量变量</th><th colspan="3">成分</th></tr>
<tr><th>1</th><th>2</th><th>3</th></tr>
<tr><td>学校整体提供的生活条件</td><td>0.827</td><td rowspan="6">–</td><td rowspan="6">–</td></tr>
<tr><td>勤工助学可用的物资设备</td><td>0.792</td></tr>
<tr><td>图书馆资源的丰富和便利程度</td><td>0.776</td></tr>
<tr><td>工作中使用校园网的方便程度</td><td>0.775</td></tr>
<tr><td>勤工助学岗位的工作环境</td><td>0.539</td></tr>
<tr><td>勤工助学的工作氛围</td><td>0.502</td></tr>
<tr><td>具体工作职责及内容的清晰度</td><td rowspan="9">–</td><td>0.842</td><td rowspan="4">–</td></tr>
<tr><td>勤工助学申请途径的清晰度</td><td>0.826</td></tr>
<tr><td>勤工助学的规章制度</td><td>0.807</td></tr>
<tr><td>获得劳动报酬清晰度</td><td>0.800</td></tr>
<tr><td>与同学之间的互动</td><td rowspan="5">–</td><td>0.863</td></tr>
<tr><td>通过勤工助学认识的新同学</td><td>0.796</td></tr>
<tr><td>与行政人员之间的互动</td><td>0.725</td></tr>
<tr><td>直接上司在勤工助学中给予的指导</td><td>0.638</td></tr>
<tr><td>教师在勤工助学中给予的指导</td><td>0.508</td></tr>
<tr><td colspan="4">提取方法：主成分分析法；旋转方法：凯撒正态化最大方差法</td></tr>
<tr><td colspan="4">a. 旋转在 6 次迭代后已收敛</td></tr>
</table>

从表7–15的总方差分解结果可知，前三个主成分的特征根大于1，且三个成分的累积方差贡献率达到73.1%，即可以将勤工助学的环境感知提取出三个主成分。对于问项的因子载荷大小的确定，Tabachnica与Fidell（2007）提出因子载荷大于0.71，即说明该因素可以解释观察变量50%的变异，表示测量题目质量理想。但鉴于社会科学研究中测量本质的特性，受限于外在干扰误差及构念本身特点等，所编制的量表因子载荷都不太高，因此建议采用$\lambda \geqslant 0.55$的标准（$\lambda \geqslant 0.55$表示良好），不必坚守$\lambda \geqslant 0.71$的原则。[①] 从表7–16可知，勤工助学的环境感知量表中的大部分因子载荷都大于0.55，只有“勤工助学岗位的工作环境”“勤工助学的工作氛围”“教师在勤工助学中给予的指导”三个问项小于0.55，所以对其删除，从而得到最终的勤工助学的环境感知量表。

接下来，运用主成分分析法对勤工助学的实践量表问项提取公因子，得到5个问项的分析结果，如表7–17和表7–18所示。

表7–17　勤工助学的实践量表总方差分解表

成分	初始特征值			提取载荷平方和		
	总计	方差/%	累积/%	总计	方差/%	累积/%
1	2.900	57.994	57.994	2.900	57.994	57.994
2	0.755	15.100	73.093	–	–	–
3	0.638	12.760	85.853			
4	0.466	9.313	95.166			
5	0.242	4.834	100.000			
提取方法：主成分分析法						

① 邱皓政，林碧芳. 结构方程模型的原理与应用[M]. 北京：中国轻工业出版社，2009.

表 7-18 勤工助学的实践量表成分矩阵表

测量变量	成分
	1
通过勤工助学获得的报酬	0.868
改善学习和生活条件的程度	0.859
勤工助学中受到的培训和指导	0.774
投入勤工助学的时间	0.690
勤工助学与学业的关联程度	0.577
提取方法：主成分分析法； a. 提取了 1 个成分	

根据表7-17的总方差分解结果可知，提取的1个主成分累积方差贡献率达到57.99%，且表7-18所示的每个因子载荷都超过了0.55。

采用主成分分析法对学生的自我调节量表的问项提取公因子，得到5个问项的分析结果，如表7-19和表7-20所示。

表 7-19 学生的自我调节量表总方差分解表

成分	初始特征值			提取载荷平方和		
	总计	方差 /%	累积 /%	总计	方差 /%	累积 /%
1	3.986	79.714	79.714	3.986	79.714	79.714
2	0.451	9.018	88.732	–	–	–
3	0.250	4.992	93.723			
4	0.196	3.925	97.649			
5	0.118	2.351	100.000			
提取方法：主成分分析法						

表7-20　学生的自我调节量表成分矩阵表

测量变量	成分
	1
正确面对工作中的批评和表扬	0.921
根据反馈调整自己的工作状态并持续	0.917
学习他人好的方法和优点	0.888
主动强化自己的行为以符合期待	0.871
对自我有正确的认识	0.865
提取方法：主成分分析法； a. 提取了1个成分	

由表7-19的总方差分解结果可知，提取的1个主成分累积方差贡献率达到79.7%，且表7-20所示的每个因子载荷都超过了0.71，说明学生的自我调节量表的质量很好。

在分析勤工助学对学生发展和影响的探索性因子分析中，当采用主成分分析并以初始特征根大于1来确定因子时，结果提示将三部分提取成同一个公因子，且因子载荷均达到0.687以上。但本研究关注勤工助学对学生发展的具体影响，提取一个因子与理论假设不符。主成分分析与因子分析的区别在于，可以将因子分析视为主成分分析的扩展，当特殊因子贡献较大时，因子分析把公因子和特殊因子严格区分开，而主成分分析则把这些因子不加区别地混在一起作为主成分加以保留或舍弃。如果考察变量间的内部结构，则因子分析法更合适，通过因子旋转可以使得公因子更容易解释。[①] 因此，此部分仍采用主成分分析法提取公共因子，以方差最大法正交旋转，但不以"特征值大于1"为提取方法，而是采用理论假设"因子的固定数目"，所提取的三个因子显示的因子分析结果与理论假设吻合。此部分量表中12个问项的具体分析结果如表7-21和表7-22所示。

① 张文彤，董伟．SPSS统计分析高级教程[M].北京：高等教育出版社，2004.

表7-21　学生的发展和收获量表总方差分解表

成分	初始特征值			提取载荷平方和			旋转载荷平方和		
	总计	方差/%	累积/%	总计	方差/%	累积/%	总计	方差/%	累积/%
1	9.066	75.547	75.547	9.066	75.547	75.547	4.286	35.713	35.713
2	0.730	6.081	81.629	0.730	6.081	81.629	3.701	30.839	66.552
3	0.602	5.017	86.646	0.602	5.017	86.646	2.411	20.094	86.646
4	0.295	2.454	89.101						
5	0.262	2.185	91.286						
6	0.225	1.878	93.164						
7	0.179	1.490	94.653						
8	0.170	1.413	96.066	–	–	–	–	–	–
9	0.143	1.192	97.258						
10	0.132	1.099	98.357						
11	0.114	0.947	99.304						
12	0.083	0.696	100.000						
提取方法：主成分分析法									

表7-22　学生的发展和收获量表旋转成分矩阵表

测量变量	成分		
	1	**2**	**3**
有信心完成自己设定的目标	0.842		
面对新挑战或压力的能力	0.785		
刻意锻炼和完善性格	0.775	–	
养成习惯和自我管理	0.759		
对工作和生活的积极态度	0.748		–
劳动意识的培养		0.821	
责任感的培养		0.812	
价值观和奋斗精神	–	0.792	
分析与解决实际问题的能力		0.719	
书面表达能力		–	0.887

续表

测量变量	成分		
	1	2	3
团队合作的意识和能力	–	–	0.641
拓展社交网络的能力			0.612
提取方法：主成分分析法；旋转方法：凯撒正态化最大方差法； a. 旋转在5次迭代后已收敛			

由表7-21学生发展和收获量表总方差分解表可知，前三个因子解释方差累积达86.65%，因子载荷均大于0.55，可进一步进行统计分析。

根据探索性因子分析结果做出表7-23，将测量变量与潜变量指标对应，将每个测量变量项与所代表的内容一一对应。

表7-23　正式调查中各潜变量的测项

潜变量	测量变量	所代表的内容
政策环境	X1	勤工助学的规章制度
	X2	勤工助学申请途径的清晰度
	X3	具体工作职责及内容的清晰度
	X4	获得劳动报酬的清晰度
物理环境	X5	学校整体提供的生活条件
	X6	工作中使用校园网的方便程度
	X7	图书馆资源的丰富和便利程度
	X8	勤工助学可用的物资设备
人际环境	X9	与行政人员之间的互动
	X10	直接上司在勤工助学中给予的指导
	X11	与同学之间的互动
	X12	通过勤工助学认识的新同学
勤工助学	Y1	投入勤工助学的时间
	Y2	通过勤工助学获得的报酬
	Y3	改善学习和生活条件的程度

续表

潜变量	测量变量	所代表的内容
勤工助学	Y4	勤工助学与学业的关联程度
	Y5	勤工助学中受到的培训和指导
自我调节	Y6	主动强化自己的行为以符合岗位期待
	Y7	学习他人好的工作方法和优点
	Y8	正确面对工作中的批评和表扬
	Y9	根据反馈调整自己的工作状态并持续
	Y10	对自我有正确的认识
思维认知发展	Y11	分析与解决实际问题的能力
	Y12	劳动意识的培养
	Y13	责任感的培养
	Y14	价值观和奋斗精神
实践能力发展	Y15	书面表达能力
	Y16	团队合作的意识和能力
	Y17	拓展社交网络的能力
自我效能发展	Y18	面对新挑战或压力的能力
	Y19	养成习惯和自我管理
	Y20	刻意锻炼和完善性格
	Y21	有信心完成自己设定的目标
	Y22	对工作和生活的积极态度

（二）验证性因子分析

验证性因子分析是一种检验潜在变量与测量变量的结构，以及因子之间相关性的分析，是检验根据理论得出的计量模型是否被证实的确认性研究。从技术层次来说，验证性因子分析是结构方程模型（SEM）的一种次模型（Jöreskog & Sörbom，1993），可以视为SEM中测量模型的检验。验证性因子分析的具体步骤是：第一步，发展假设模型，即形成有待验证的模型；第二步，将要检验的测量模型转换成符合SEM分析的模型；第三步，执行SEM分析，进行参数估计与模型检验；第四步，分析SEM的报表结果，检验数据的正确性。上文探索性因子分析已经完成第一步，现进行第二至第四步检验。①

验证性因子分析的参数估计需要满足两个标准：一是因子标准载荷系数的显著性，反映问项是否适合作为潜变量的测量指标，即通过检查t值是否大于显著的临界值来判断，此数值置信度为90%时应大于1.96，具体通过AMOS软件中的C.R.值显示。二是问项在潜变量上的标准因子载荷大于0.5。

模型检验的拟合优度指标包括：卡方指数x^2、近似误差指数RMSEA，相对拟合指数CFI、拟合优度指数GFI等，各个指标的要求不尽相同，具体指标拟合值如表7-24所示。需要指出的是，x^2值对于样本量非常敏感，样本越大，x^2值就越容易显著，理论模型就越容易被拒绝。而近似误差指数RMSEA值≤0.08是不错的适配，RMSEA值≤0.1是中度适配，可以被接受。②整体评价的标准是如果多数指标达到标准，有个别的指标未达到标准但是接近标准，模型可以接受。③

表7-24　结构方程模型拟合度指标表

统计检验量		拟合的标准或临界值
绝对拟合指数	卡方指数x^2值	$p>0.5$
	卡方自由度比值（x^2/df）	<2
	RMSEA值	<0.08
	RMR值	<0.08
	GFI值	>0.9

① 邱皓政，林碧芳. 结构方程模型的原理与应用[M]. 北京：中国轻工业出版社，2009.

② 黄芳铭. 结构方程模式：理论与应用[M]. 北京：中国税务出版社，2005.

③ 温忠麟，侯杰泰，马什赫伯特，等. 结构方程模型检验：拟合指数与卡方准则[J]. 心理学报，2004，36（2）：186-194.

续表

统计检验量		拟合的标准或临界值
相对拟合指数	NNFI值（TLI值）	＞0.9
	CFI值	＞0.9
	NFI值	＞0.9

第一步，用验证性因子分析检验外生变量的效度和拟合优度。检验结果如表7-25所示。其中，$x^2/df = 4.515$，RMSEA=0.099，RMR=0.037，CFI=0.932，GFI=0.901，NFI=0.915，TLI=0.912。考虑到大样本量及外生变量数量，虽然x^2/df值和RMSEA值略高，但其他指标均达到拟合标准，且各问项的因子载荷均大于0.55，达到效度检验的标准。因此，外生变量通过验证性因子分析。

表7-25　外生变量的验证性因子分析结果

变量	标准载荷	标准误差	*t*值	显著水平*p*
政策环境				
X4	0.760	–	–	–
X3	0.877	0.066	17.458	***
X2	0.809	0.074	15.324	***
X1	0.828	0.071	15.604	***
物理环境				
X8	0.794	–	–	–
X7	0.797	0.066	15.773	***
X6	0.752	0.077	14.809	***
X5	0.846	0.058	17.143	***
人际环境				
X12	0.658	–	–	–
X11	0.782	0.079	12.956	***
X10	0.783	0.093	11.500	***

续表

变量	标准载荷	标准误差	t值	显著水平p
X9	0.844	0.100	12.217	***
拟合指数	$x^2=230.244$，$P=0.000$，$x^2/df=4.515$			
	RMSEA=0.099，RMR=0.037，CFI=0.932，GFI=0.901，NFI=0.915，TLI=0.912			

第二步，用验证性因子分析检验内生变量的效度和拟合优度。检验结果如表7-26所示。其中，$x^2/df=3.434$，RMSEA=0.082，RMR=0.058，CFI=0.908，GFI=0.846，NFI=0.876，TLI=0.895。各指标均达到可接受的拟合标准，且各问项的因子载荷均大于0.55，达到效度检验的标准。因此，内生变量通过验证性因子分析。

表7-26 内生变量的验证性因子分析结果

变量	标准载荷	标准误差	t值	显著水平p
勤工助学				
Y1	0.537	–	–	–
Y2	0.822	0.168	10.319	***
Y3	0.8230	0.173	10.206	***
Y4	0.444	0.148	6.955	***
Y5	0.764	0.170	9.586	***
自我调节				
Y6	0.824	–	–	–
Y7	0.845	0.052	19.830	***
Y8	0.911	0.049	21.820	***
Y9	0.908	0.050	21.097	***
Y10	0.832	0.051	18.579	***
拟合指数	$x^2=693.661$，$P=0.000$，$x^2/df=3.434$ RMSEA=0.082，RMR=0.058，CFI=0.908，GFI=0.846，NFI=0.876，TLI=0.895			

以上分别对外生变量和内生变量进行了验证性因子分析，模型结果均达到拟合优度，各问项也达到效度检验的标准。最后，我们将所有变量放在一起进行验证性因子分析，结果如表7-27所示。拟合结果显示，$x^2/df = 3.164$，RMSEA = 0.078，RMR = 0.064，CFI = 0.901，GFI = 0.782，NFI=0.861，TLI=0.892。各指标均达到可接受的拟合标准，且各问项的因子载荷均大于0.55，达到效度检验的标准。因此，所有变量均通过验证性因子分析。

表7-27　所有变量的验证性因子分析结果

变量	标准载荷	标准误差	t值	显著水平p
政策环境				
X4	0.760	–	–	–
X3	0.877	0.066	17.451	***
X2	0.809	0.074	15.325	***
X1	0.828	0.071	15.610	***
物理环境				
X8	0.797	–	–	–
X7	0.796	0.066	15.828	***
X6	0.748	0.077	14.776	***
X5	0.848	0.057	17.249	***
人际环境				
X12	0.670	–	–	–
X11	0.787	0.076	13.309	***
X10	0.781	0.090	11.745	***
X9	0.834	0.095	12.497	***
勤工助学				
Y1	0.527	–	–	–
Y2	0.808	0.173	10.043	***

续表

变量	标准载荷	标准误差	*t*值	显著水平*p*
Y3	0.816	0.179	9.979	***
Y4	0.446	0.152	6.903	***
Y5	0.776	0.180	9.396	***
自我调节				
Y6	0.825	–	–	–
Y7	0.851	0.051	20.198	***
Y8	0.874	0.049	20.865	***
Y9	0.876	0.049	20.667	***
Y10	0.818	0.051	18.574	***
思维认知发展				
Y11	0.857	–	–	–
Y12	0.884	0.050	22.747	***
Y13	0.928	0.044	25.068	***
Y14	0.928	0.044	25.313	***
自我效能发展				
Y19	0.910	–	–	–
Y20	0.918	0.036	29.683	***
Y21	0.955	0.034	33.391	***
Y22	0.912	0.037	28.993	***
Y18	0.933	0.036	31.007	***
实践能力发展				
Y15	0.786	–	–	–
Y16	0.883	0.053	18.702	***
Y17	0.899	0.053	19.069	***
拟合指数	x^2=1635.802，P=0.000，x^2/df=3.164 RMSEA=0.078，RMR=0.064，CFI=0.901，GFI=0.782，NFI=0.861，TLI=0.892			

四、数据的信度和效度分析

在初测研究中已经对问卷进行了信度和效度的检验，显示信效度良好。为保证实证研究的严谨性，此处对正式调研的数据再次进行信度和效度检验，重点说明上文没有涉及的部分。

1.数据的信度分析

正式研究通过探索性因子分析和验证性因子分析对问项进行检验，使用SPSS24.0计算各潜变量的克伦巴赫α系数，结果如表7-28所示，各潜变量的克伦巴赫α系数均大于0.8，显示正式研究通过信度检验。

表7-28　正式研究的各潜变量的克伦巴赫α系数

维度	问项数量	克伦巴赫α系数
勤工助学的政策环境	4	0.889
勤工助学的物理环境	4	0.869
勤工助学的人际环境	4	0.849
勤工助学的实践	5	0.809
学生的自我调节	5	0.936
学生的思维认知发展	4	0.943
学生的实践能力发展	3	0.888
学生的自我效能发展	5	0.967

2.数据的效度分析

（1）构造效度。构造效度指测量量表能推断抽象概念的能力，用以考察同一潜变量下的测量问项之间的独立性，可使用主成分分析中第一主成分的方差贡献率大小来衡量。贡献率越大说明测量问项与所研究问题或领域关系越密切，一般认为大于0.4较好。[①] 各潜变量的构造效度如表7-29所示，结果显示测量量表有较好的构造效度。

① 易丹辉.结构方程模型方法与应用[M].北京：中国人民大学出版社，2008.

表7-29　正式研究的构造效度检验

潜变量	方差贡献率
勤工助学的政策环境	75.21%
勤工助学的物理环境	72.61%
勤工助学的人际环境	69.34%
勤工助学的实践	58.00%
学生的自我调节	79.71%
学生的思维认知发展	85.50%
学生的实践能力发展	82.18%
学生的自我效能发展	88.50%

（2）区别效度。区别效度主要是比较各潜变量的平均析出方差（Average Variance Extracted，AVE）与其他潜变量之间的相关系数的绝对值，若某一潜变量的AVE的平方根大于其与其他各潜变量间相关系数的绝对值，表明区别效度较好。如表7-30结果所示，勤工助学各潜变量所解释的方差（表格中对角线的数值）均大于该潜变量与其他潜变量之间的方差（对角线下方的数值），说明各测量间项间有很好的区别效度。

需要指出的是，为简洁和便于比较，下图或下表中的“实践能力”“自我效能”“思维认知”分别代替上文的“实践能力发展”“自我效能发展”“思维认知发展”。

表7-30　正式研究的区别效度检验

<table>
<tr><th>–</th><th>人际环境</th><th>物理环境</th><th>政策环境</th><th>勤工助学</th><th>自我调节</th><th>实践能力</th><th>自我效能</th><th>思维认知</th></tr>
<tr><td>人际环境</td><td>0.794</td><td>–</td><td rowspan="2">–</td><td rowspan="3">–</td><td rowspan="4">–</td><td rowspan="4">–</td><td rowspan="4">–</td><td rowspan="4">–</td></tr>
<tr><td>物理环境</td><td>0.715</td><td>0.774</td></tr>
<tr><td>政策环境</td><td>0.481</td><td>0.606</td><td>0.842</td></tr>
<tr><td>勤工助学</td><td>0.657</td><td>0.614</td><td>0.472</td><td>0.748</td></tr>
</table>

续表

–	人际环境	物理环境	政策环境	勤工助学	自我调节	实践能力	自我效能	思维认知
自我调节	0.422	0.394	0.303	0.642	0.889	–	–	–
实践能力	0.332	0.310	0.238	0.505	0.787	0.833		
自我效能	0.337	0.315	0.242	0.513	0.800	0.629	0.904	
思维认知	0.341	0.318	0.245	0.518	0.808	0.636	0.646	0.883

五、勤工助学对学生发展的结构方程模型

在上文提出的理论模型与研究假设的基础上，本研究构建了如图 7-1 所示的勤工助学对学生发展的影响的结构方程模型，重点考察勤工助学环境对勤工助学的直接影响、勤工助学通过学生自我调节产生的作用，以及勤工助学最终对学生发展的影响。

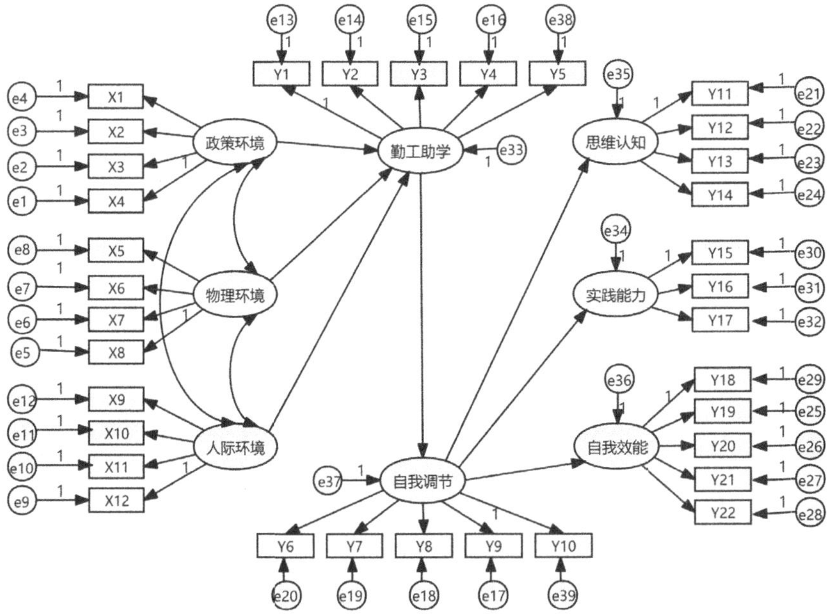

图 7-1　勤工助学对学生发展的影响结构方程模型

资料来源：本研究作者绘制

本研究使用AMOS 24.0软件对构建的结构方程模型进行分析。根据研究假设将结构方程模型绘制于AMOS软件中，设置外生变量相关各指标的误差项，每个潜变量中设置一个因子载荷为1，最后运行结构方程模型得到模型的拟合结果和路径系数。

（一）模型拟合及评估

结构方程模型是一种验证性的方法，求解模型和模型参数估计的过程即模型拟合的过程，以及检验研究中的假设是否能够得到实证数据的支持。结构方程模型拟合的最终目标是使模型隐含的协方差矩阵与样本协方差矩阵“差距”最小，而配适度指标（Goodness of Fit Indices，GFI）能够评价假设模型与实证数据是否相适合。AMOS软件输出的“Model Fit”显示了这一结果，运行结果整理如表7–31所示。

表7–31　勤工助学对学生发展的影响结构方程模型的拟合指标

Model	CMIN/DF（x^2/df）	NNFI（TLI）	CFI	RMSEA
Default Model	1635.802/517=3.164	0.892	0.901	0.078
评价标准	＜5	＞0.9	＞0.9	＜0.08
评价结果	合格	可接受	合格	合格

如上所述，卡方值（x^2）可以反映模型的拟合度，但对于参数过多或者参数过少的情况，x^2会敏感地反映模型拟合不好，尤其是样本数越大，x^2越容易显著，导致模型被拒绝的概率增大，因而一般使用卡方值与自由度之比作为模型是否契合的指标，分母自由度能够调节模型的复杂程度。①AMOS结果报表中用CMIN/DF表示卡方值与自由度之比，通常此值小于3表示模型适配良好，介于2—5表示可以接受模型。Steiger（1990）认为，RMSEA低于0.1表示好的拟合，低于0.05表示非常好的拟

① 侯杰泰，温忠麟，成子娟. 结构方程模型及其应用[M]. 北京：教育科学出版社，2004.

合，低于0.01表示非常出色的拟合。①

本模型CMIN/DF值略高于3，表示可以接受，NNFI接近0.9可以接受，CFI值和RMSEA值均合格，说明本研究构建的结构方程模型与实证数据属于可接受的范围，模型具有较好的拟合效果。

（二）模型修正及比较

模型修正与模型比较的过程相联系，模型比较是对各种可能的路径模型进行检验，通过比较结构方程模型的拟合优度来判断模型。如果修正模型比预设模型更拟合实证数据，说明预设模型中部分理论未得到证实，但仅根据修正指数去改动数值的做法并不科学。模型拟合不但要考虑拟合指数是否合乎要求，还要考虑各路径的参数估计值，理论上是否合理且是否有实际意义。

一般来说，对模型的修正主要从以下四个方面考虑：第一，检查所估计的参数是否恰当，若方差估计或标准误估计出现负值，应对模型修正。第二，参数检验中若自由参数对应的t值小于2，则表示自由参数不显著，可从模型中剔除并重新拟合模型。第三，检查测定系数。若测量方程和回归方程的测定系数很低，可考虑删除该方程，此时减少了模型的自由参数。第四，增加模型的自由参数，对于数值超过4（0.05显著水平下卡方变化量与自由度变化量之比）的模型修正指数结果的路径，在符合理论假设前提下可设为自由估计，此时增加了模型的自由参数。

以下根据模型拟合结果进行模型修正，可能修正的结果显示如表7-32所示。

表7-32　勤工助学对学生发展的影响结构方程模型结果比较

模型	路径变化	x^2	df	x^2/df	TLI	CFI	RMSEA
预设模型	–	1636	517	3.164	0.892	0.901	0.078

① STEIGER J H. Structural model evaluation and modification: an interval estimation approach[J]. Multivariate behavioral research, 1990, 25（2）: 173–180.

续表

模型	路径变化	x^2	df	x^2/df	TLI	CFI	RMSEA
修正模型1	政策环境→勤工助学	1271	396	3.209	0.906	0.914	0.078
	+人际环境→自我调节						
	+自我效能→实践能力						
修正模型2	+ e34 ⟷ e36	1432	515	2.781	0.911	0.918	0.07
	+ e9 ⟷ e10						
修正模型3	物理环境→X7	1436	424	3.386	0.896	0.905	0.082
	勤工助学→Y1						
	勤工助学→Y4						
交互验证模型	同修正模型3	1429	424	3.371	0.896	0.905	0.081

对预设模型进行拟合，模型的拟合优度系数均处于合格附近，拟合程度不能达到优秀，因此对模型进行修正，查看是否能够形成更好的拟合指标。预设模型中路径“政策环境→勤工助学”的复相关系数R^2为0.12，因此修正模型1拟删除此路径，同时增加路径“人际环境→自我调节”和“自我效能→实践能力”，从修正模型1的拟合结果来看，CFI值和TLI值与预设模型相比略有提高，但x^2/df值不降反升，且减少和增加的路径缺乏理论基础。

从修正模型2来看，若不改变原预设模型的路径，只增加设置两项误差相关“e34 ⟷ e36”和“e9 ⟷ e10”，模型拟合指数明显变化，x^2/df值和RMSEA值下降，CFI值和TLI值均上升，然而，从模型的理论意义来看，设置误差相关很难解释，有单纯为了拟合数据而增加误差相关之嫌。

修正模型3去掉了因子载荷大于0.55且小于0.71的三条基本适配、并非最优适配的因子路径，结构模型的各路径系数有所增加。值得注意的是，与预设模型相比，虽然修正模型3的df及x^2值同时减小，但x^2/df值及RMSEA值略有上升，不过由于去掉了因子载荷，所以与预设模型整体不同。四个“绝对拟合指数指标”与预设模型没有直接可比性，但其TLI值和CFI值这两个具有可比性的“相对拟合指数指标”数值却有上升。

通过以上分析综合考虑，将修正模型3作为本研究的最终模型，并用样本后361条数据进行交互验证，模型拟合结果如表7–32最后一行，x^2/df值小于5接近3，在拟合范围之内，TLI值接近0.9，可视为拟合，CFI值和RMSEA值均符合拟合。因此，最终模型即为修正模型3。下文将对模型结果及假设验证进行说明。

（三）模型结果及假设验证

根据上文最终确定的结构方程模型结果，由AMOS 24.0运行最终得到的交互验证模型路径及系数如图7–2所示。

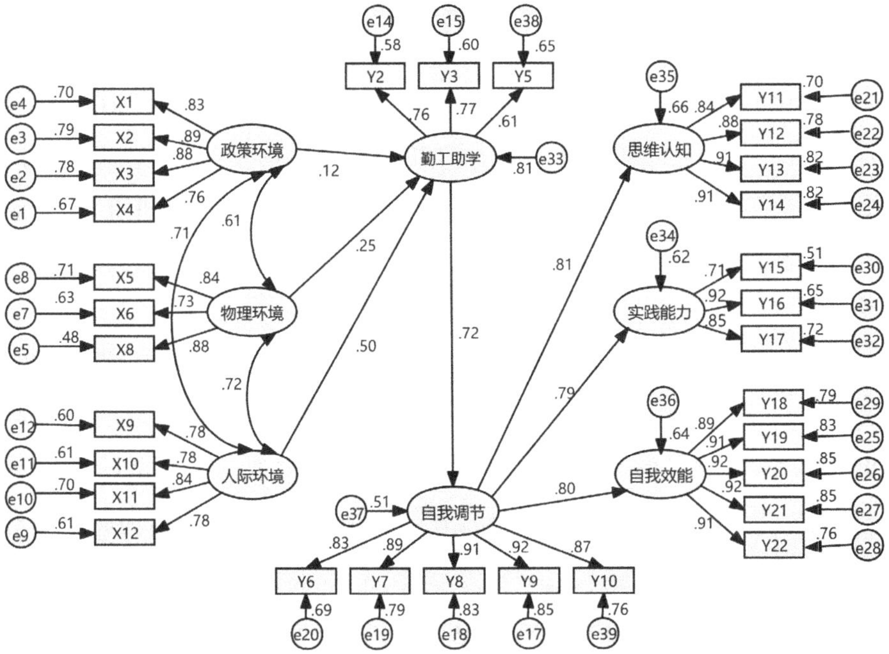

图7–2　勤工助学对学生发展的影响结构方程模型路径及系数

资料来源：本研究作者绘制

结构方程模型最终包括测量模型和路径模型，测量模型表示潜变量和观察变量即测量问项之间的关系，本研究的测量模型部分是勤工助学的政策环境、物理环境、人际环境、勤工助学、自我调节、思维认知、实践能力、自我效能8个潜变量及与之相对的34个观测变量之间的对应关系。本研究测量模型部分的统计结果如表7-33所示。统计结果显示，全部观察变量的因子载荷大于0.71，说明研究测量模型拟合效果好，且具有较好的结构效度。

表7-33　勤工助学对学生发展的影响测量模型结果

变量			标准载荷 Estimate	标准误差 S.E.	*t*值 C.R.	显著水平 *p*
X4	<---	政策环境	0.756	–	–	–
X3	<---	政策环境	0.883	0.061	17.834	***
X2	<---	政策环境	0.888	0.068	17.189	***
X1	<---	政策环境	0.834	0.070	15.994	***
X8	<---	物理环境	0.877	–	–	–
X6	<---	物理环境	0.731	0.059	15.670	***
X5	<---	物理环境	0.842	0.045	18.611	***
X12	<---	人际环境	0.782	–	–	–
X11	<---	人际环境	0.835	0.055	17.548	***
X10	<---	人际环境	0.780	0.067	12.547	***
X9	<---	人际环境	0.777	0.072	13.053	***
Y2	<---	勤工助学	0.765	–	–	–
Y3	<---	勤工助学	0.775	0.064	15.499	***
Y5	<---	勤工助学	0.805	0.084	12.500	***
Y9	<---	自我调节	0.828	–	–	–
Y8	<---	自我调节	0.756	0.032	30.149	***
Y7	<---	自我调节	0.883	0.036	27.566	***
Y6	<---	自我调节	0.888	0.043	23.123	***

续表

变量			标准载荷 Estimate	标准误差 S.E.	*t*值 C.R.	显著水平 *p*
Y10	<---	自我调节	0.869	0.036	26.159	***
Y11	<---	思维认知	0.837	–	–	–
Y12	<---	思维认知	0.881	0.049	21.250	***
Y13	<---	思维认知	0.906	0.044	22.517	***
Y14	<---	思维认知	0.905	0.050	22.452	***
Y19	<---	自我效能	0.913	–	–	–
Y20	<---	自我效能	0.923	0.034	30.323	***
Y21	<---	自我效能	0.919	0.034	29.507	***
Y22	<---	自我效能	0.872	0.035	25.425	***
Y18	<---	自我效能	0.891	0.036	27.134	***
Y15	<---	实践能力	0.714	–	–	–
Y16	<---	实践能力	0.925	0.071	16.105	***
Y17	<---	实践能力	0.846	0.065	15.354	***

在结构模型方面，研究提出的H_1—H_7对应7条路径系数，分别是政策环境对勤工助学、物理环境对勤工助学、人际环境对勤工助学、勤工助学对自我调节、自我调节对思维认知、自我调节对实践能力、自我调节对自我效能的影响路径。路径系数及显著性水平如表7–34所示。

表7–34　勤工助学对学生发展的影响结构模型路径及假设结果

假设编号	路径			标准系数 Estimate	标准误差 S.E.	*t*值 C.R.	显著水平 *p*	检验结果
H_1	勤工助学	<---	政策环境	0.123	0.057	2.103	0.035	通过
H_2	勤工助学	<---	物理环境	0.251	0.090	2.969	0.003	通过
H_3	勤工助学	<---	人际环境	0.503	0.075	6.185	***	通过
H_4	自我调节	<---	勤工助学	0.716	0.062	10.522	***	通过
H_5	思维认知	<---	自我调节	0.810	0.049	16.699	***	通过

续表

假设编号	路径			标准系数 Estimate	标准误差 S.E.	t值 C.R.	显著水平 p	检验结果
H_6	实践能力	<---	自我调节	0.789	0.060	13.292	***	通过
H_7	自我效能	<---	自我调节	0.802	0.048	18.671	***	通过

表7–34结果显示，本研究提出的H_1—H_7假设均通过了显著性检验，8个潜变量之间的效应，既有直接效应也有间接效应，标准化效应分解结果如表7–35所示。

表7–35　勤工助学对学生发展的影响路径的变量效应

–	–	人际环境	物理环境	政策环境	勤工助学	自我调节
勤工助学	总效应	0.503	0.251	0.123	–	–
	直接效应	0.503	0.251	0.123	–	–
	间接效应	–	–	–	–	–
自我调节	总效应	0.360	0.180	0.088	0.716	–
	直接效应	–	–	–	0.716	–
	间接效应	0.360	0.180	0.088	–	–
思维认知	总效应	0.291	0.146	0.071	0.580	0.810
	直接效应	–	–	–	–	0.810
	间接效应	0.291	0.146	0.071	0.580	–
实践能力	总效应	0.284	0.142	0.069	0.565	0.789
	直接效应	–	–	–	–	0.789
	间接效应	0.284	0.142	0.069	0.565	–
自我效能	总效应	0.288	0.144	0.070	0.574	0.802
	直接效应	–	–	–	–	0.802
	间接效应	0.288	0.144	0.070	0.574	–

1. 勤工助学环境对勤工助学的影响检验

由表7–35可知，学生感知的勤工助学环境对勤工助学的影响均为直接效应，勤工助学的政策环境对其影响的直接效应为0.123，虽然影响效应不高但是结果显著，勤工助学的物理环境对其影响的直接效应为0.251，勤工助学的人际环境对其影响的直接效应为0.503，在三者中最高。

三种环境对勤工助学的影响效应大小不仅反映了学生对勤工助学环境的感受程度，也反映了不同环境距离勤工助学的远近，或者说学生感受的环境传导到勤工助学的远近。整体的政策环境最抽象，理论上来说距离学生最远，勤工助学的规章制度、勤工助学申请途径的清晰度、具体工作职责及内容的清晰度、获得劳动报酬的清晰度，是学生了解勤工助学内容和成为勤工助学参与者的前期感受，通常表现为知道或不知道的单次行为，甚至可以简单回答成是或否。学生与物理环境的接触次数比政策环境要高，学校整体提供的生活条件、勤工助学可用的物资设备等是学生能够反复体验的，它存在于学生每次参加勤工助学的感受中。而人际环境对学生的影响频度最大，如果认为物理环境是学生的多次模糊感知，那么人际环境中与教师和同学的互动，有可能发生在学生每天的工作中，至少可以理解为高频次的互动或引起内心变化的感受。这三种环境调动学生情绪资源的效果不同，与勤工助学的实践具有不同的距离，直接效应递增的结果验证了上文的假设。

2.勤工助学对自我调节的影响检验

政策环境通过勤工助学对自我调节产生的间接效应为0.088，相对较小，物理环境通过勤工助学对自我调节产生的间接效应为0.180，人际环境通过勤工助学对自我调节产生的间接效应为0.360。效应依次增大，与三者分别对勤工助学的影响一致。勤工助学对自我调节的直接效应为0.716，体现出学生通过勤工助学引起的自我行为反思比重较大，自我调节作为勤工助学对学生产生影响的中介，强化了学生参加勤工助学的感受和反思。无论是学习别人的方法和正确面对工作中的反馈，还是对勤工助学作为一种准工作的认识或者对自我水平和能力的反思，都产生于学生自我调节的过程中，勤工助学对学生的改变在自我调节这一过程中形成了一个小的正向闭环。这个不断迭代的正向闭环引发了学生各方面的发展。

3.勤工助学对学生发展的影响检验

政策环境对思维认知、实践能力、自我效能的间接影响较小，分别为0.071、0.069、0.070，物理环境对思维认知、实践能力、自我效能的间接影响较小，分别为0.146、0.142、0.144，人际环境对思维认知、实践能力、自我效能的间接影响比前两者大，分别为0.291、0.284、0.288，可见参加勤工助学的学生与教师、同学之间的互动，对学生能力发展的影响更大。勤工助学实践对学生的思维认知、实践能力、自我效能的间接影响分别为0.580、0.565、0.574，各项发展之间的占比差别不大，但是对每项发展的影响均超过了50%，自我调节对学生的思维认知、实践能力、自我效能产生的直接影响分别为0.810、0.789、0.802，三者占比差别较小，均在80%左右，由此可见，勤工助学实践本身对学生发展的影响已经超过50%，而在叠加了学生自我调节能力的基础上，能够对学生发展产生更大的影响。自我调节作为勤工助学对学生产生影响的中介，强化了学生参加勤工助学的感受和反思。这个过程反映了学生参加勤工助学后产生的心理和行为变化，由于勤工助学中发生的事情、遇到的人、学到的知识对学生认知产生了冲刷，在工作中认识、感知、体验和筛选不同的信息的情况下，学生在原来的认知基础上产生了变化，对自己的行为有所调整，从而发展出思维认知、实践能力、自我效能，验证了本部分的研究假设。

六、影响机制的研究总结

本章根据正式调查数据，建立了勤工助学对学生发展影响的结构方程模型。首先，研制了勤工助学对学生发展影响的测量量表。在试调查中，以46份问卷进行了测量问项净化，形成了勤工助学的环境感知量表、勤工助学的实践量表、学生的自我调节量表、学生的发展和收获量表四个量表，量表通过了信度和效度检验。第二，将样本数据分成两部分，对前

360条数据进行探索性因子分析和结构方程模型拟合，后361条数据进行验证性因子分析和结构方程模型交互验证，验证了上文提出的H_1—H_7七个研究假设。

研究结果显示，勤工助学的政策环境、物理环境、人际环境，对勤工助学实践活动有直接的影响，并间接影响了学生各项能力的发展。勤工助学的效果表现在对学生发展产生了积极影响，这些积极影响体现在多个方面，本部分主要分析对学生的思维认知、实践能力和自我效能发展三方面的影响。思维认知方面包括学生分析与解决实际问题的能力、劳动意识的培养、责任感的培养、价值观和奋斗精神；实践能力包括学生的书面表达能力、团队合作的意识和能力、拓展社交网络的能力；自我效能包括学生面对新挑战或压力的能力、养成习惯和自我管理、刻意锻炼和完善性格、有信心完成自己设定的目标、对工作和生活有积极的态度。

并且，在探明勤工助学与学生发展的关系之后，模型更进一步地分析了勤工助学为何能对学生发展产生影响。具体来说，在勤工助学岗位上，学生能根据自己的表现、岗位的期待、他人的反馈调整自己的行为，形成新的行动。在这种闭环并微循环的反思模式中，学生形成了自我调节的能力，这种调节能力作为关键机制，促进了学生在勤工助学中获得发展和收获。

结构方程模型中，勤工助学对学生发展直接影响路径系数均大于0.5，且通过自我调节能力等关键机制对学生发展产生了积极的正向促进作用。

第八章　勤工助学对学生发展的影响分析

上一章通过结构方程模型的方法，研究了勤工助学对学生发展影响的整体框架和路径，指出学生的自我调节能力是勤工助学的实践活动对学生产生影响的桥梁。根据结构方程模型的分析结果，在原始问卷数据的基础上，通过将自变量加和取平均值的方法，形成新的各变量，这些操作化的变量反映了勤工助学对学生影响的因子聚合因素，更适合针对具体问题展开细致分析。同时，调研后结合整体问卷数据情况和学生填写问卷时的信息反馈，了解到勤工助学对学生产生的影响并不限于上文结构方程模型探讨的几个方面，而可以通过这些聚合因素进一步探讨勤工助学对学生感受到的其他方面的发展及影响。这一讨论不仅丰富了勤工助学对学生影响的多方面分析，也为完善勤工助学工作的细节提供了更翔实且深入的第一手资料。

一、勤工助学对学生生活改善程度的影响

勤工助学重要的功能之一是帮助学生更好地完成学业，其中对学生生活的改善是政策设计的首要出发点。评价这一政策的有效性，最先考虑的就是勤工助学是否真正改善了学生的生活条件，对学生生活改善程度如何，何种因素能够影响学生对生活改善的感受。传统意义上，改善生活程度通常指经济条件的改善，但精神面貌或生活学习态度等通过行动可以获

得的提升，也能够增加学生对生活状态的满意度，且是较高层次的对生活状态的改善，这符合马斯洛的人的需求理论。从经济条件角度看，学生通过勤工助学获得报酬的多少可能是最直接的因素。从精神面貌角度看，改变发生在具体的工作和反思中，投入勤工助学的时间可以反映勤工助学这一行动持续的状态，可成为自变量的备选。另外，除去勤工助学实践给学生带来的经济补充，学生家庭能够给予的资金支持也是影响学生对自身生活水平感知的因素之一，所以，可以探讨在原本不同的生活费的基础上，加上勤工助学的收入，学生是否会因家庭收入不同而有不同的边际效应感受。为行文简洁，下文或图表中的“投入勤工助学的时间”用“投入的时间”代替，“通过勤工助学获得的报酬”用“获得的报酬”代替，“申请勤工助学当年家庭人均月收入”用“家庭人均月收入”代替。

结合以上分析，第一，先做出各变量对改善学生学习和生活程度影响的散点图，以观察它们彼此之间是否如预想一样具有线性增长或降低的关系，矩阵散点图如下图8-1所示。

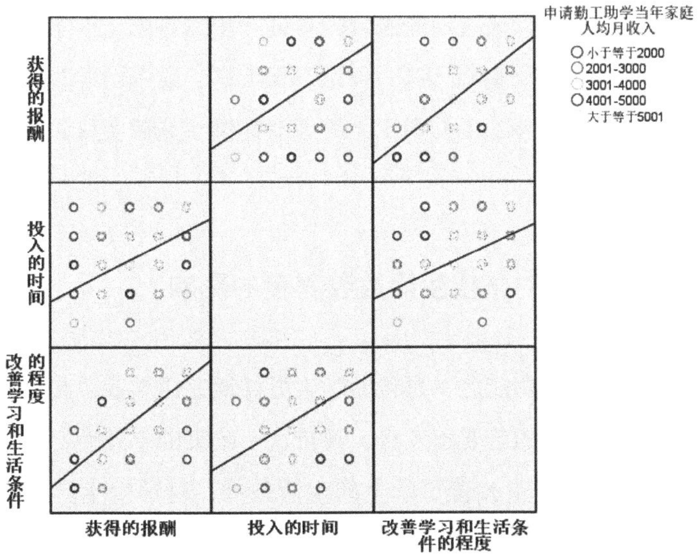

图8-1　改善学习和生活条件程度与其他自变量的散点图

资料来源：本研究作者绘制

由观察散点图可知，关注的各自变量均与因变量之间有明显的线性关系，满足回归分析的建模条件，由此可提出如下研究假设。

假设H_8：学生投入勤工助学的时间、通过勤工助学获得的报酬、申请勤工助学当年家庭人均月收入对学生学习和生活条件的改善有正向影响。

根据上文介绍，采用以下多元线性回归模型进行分析。

$y_1 = \beta_0 + \beta_1 x_{11} + \beta_2 x_{12} + \beta_3 x_{13} + e_{11}$

x_{11}表示学生通过勤工助学获得的报酬，x_{12}表示学生投入勤工助学的时间，x_{13}表示申请勤工助学当年家庭人均月收入水平，y_1表示学生感知的勤工助学对改善学习和生活条件程度，四个变量均为连续变量。β表示标准化系数（下同）。

第二，在进行回归分析之前，对各个变量进行相关性分析，用于测量变量之间的相互依赖、相互影响关系，然后确定散点图的关联是否反映数据之间的联系，但相关性不能说明因果关系。具体分析结果如表8-1所示。

表8-1　改善学习和生活条件程度与其他变量的相关性检验

–		获得的报酬	投入的时间	家庭人均月收入
改善学习和生活条件的程度	皮尔逊相关性	0.770**	0.519**	–0.106**
	显著性（双尾）	0.000	0.000	0.004
	个案数	721	721	721
** 表示在 0.01 级别（双尾）相关性显著				

相关分析结果显示，学生获得的报酬、投入的时间、家庭人均月收入均与改善学习和生活条件程度相关，在0.01水平上相关显著。接下来用SPSS24.0进行多元线性回归分析。回归分析结果如表8-2所示。

表8–2　改善学习和生活条件程度回归分析结果

模型	未标准化系数		标准化系数	t值	显著性	共线性统计	
	β	标准误差	Beta			容差	VIF
常量	0.790	0.105	–	7.555	0.000	–	–
获得的报酬	0.699	0.029	0.698	24.488	0.000	0.675	1.481
投入的时间	0.136	0.032	0.119	4.175	0.000	0.676	1.479
家庭人均月收入	–0.045	0.016	–0.065	–2.791	0.005	0.997	1.003
因变量：改善学习和生活条件的程度							

表8–2的回归分析结果显示，学生获得的报酬、投入的时间、家庭人均月收入均影响学生改善学习和生活条件的程度，在0.01水平上相关显著，由此可以得到回归方程。

$$y_1 = 0.790 + 0.699x_{11} + 0.136x_{12} - 0.045x_{13}$$

第三，确定回归模型的统计学意义。方差分析的结果说明回归模型具有统计学意义（F=367.932，$p < 0.001$），回归平方和为355.218，残差平方和为230.741，方差分析结果显著。回归模型的复相关系数R值为0.779，决定系数$R^2 = 0.606$，调整后的$R^2 = 0.605$。

各项参数及方程说明假设H_8部分成立。学生获得的报酬和投入的时间与学生改善学习和生活条件的程度成正比，但随着家庭人均月收入的提高，学生对改善学习和生活条件程度的感知略有下降，即家庭人均月收入与学生感知的改善学习和生活条件的程度成反比。据了解，勤工助学的薪酬以小时计算，通常每小时8元（2018年以前的标准），对于家庭经济水平略好的学生来说，获得改善生活的感知不如家庭经济条件相对差的同学的满足感高。

第四，对回归模型进行残差分析和共线性检测。本方程中，尤其需要注意投入时间和获得报酬的多少是否有线性关系。残差间是否独立可以采用Dubin–Watson残差序列相关性检验进行分析，该统计量的取值在0—4。一般来说，若自变量数少于4个，统计量大于2，基本上可以肯定残差间相互独立。本方程中Dubin–Watson值为2.069，可说明残差间相互独立，图8–2所示的残差直方图也说明残差呈正态分布，表明残差分析通过检验。多重共线性的识别通常用容忍度和方差膨胀因子（Variance Inflation Factor，VIF）指标判断，容忍度越小，多重共线性越严重，有学者提出当容忍度小于0.1时，存在严重的多重共线性。方差膨胀因子为容忍的倒数，一般认为VIF不应大于5，对应容忍度的标准可放宽至不大于10。[①] 表8–2中的容忍度数据远大于0.1，最大VIF接近1.5，即回归模型不存在多重共线性问题，通过质量检验。

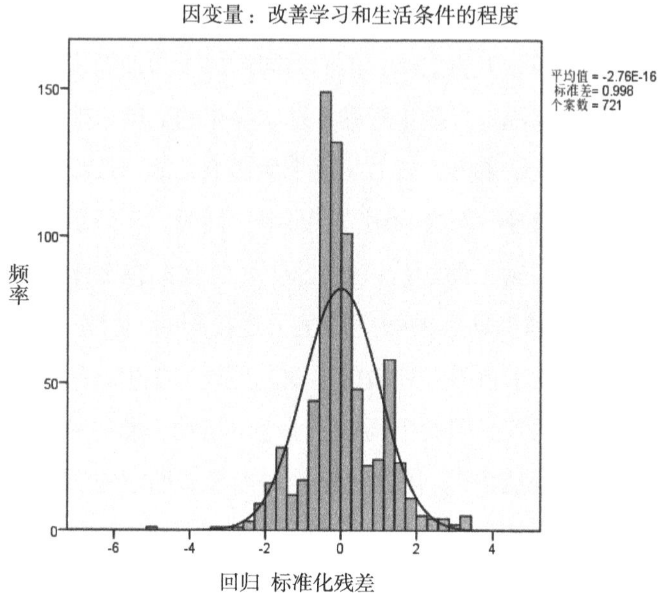

图8–2　改善学习和生活条件程度回归分析的残差直方图

资料来源：本研究作者绘制

① 张文彤，董伟. SPSS统计分析高级教程[M].北京：高等教育出版社，2004.

二、勤工助学中影响学生自我调节能力的因素

上文探讨了勤工助学对学生发展的影响，学生在勤工助学活动过程中产生的自我调节能力成为其思维认知发展、实践能力发展和自我效能发展的中介。学生根据勤工助学岗位的要求调整自己的行为，通过与教师和同学的互动，了解自己的行为模式，反观勤工助学实践中的表现、收获和不足，促进自我认知和成长。自我调节过程的发生一方面来自外界环境的推动，一方面来自学生对自己的自我要求。因此，此部分集中于探索什么具体因素能够对学生的自我调节能力产生影响，或者说在勤工助学中哪些因素促成了自我调节过程的发生。

勤工助学这一活动具有时间和空间的持续性，实际上可理解为一种流动的环境和场域，场域中的事物都可能对学生的自我调节产生激励作用。教师和同学是这个场域中的主体，他们共同构成了参加勤工助学学生的外在人际环境。具体来说，直接主管勤工助学学生的老师，能够通过布置工作、评价工作反馈或结果等方式对学生产生影响，故可假设“直接上司在勤工助学中给予的指导”对自我调节有影响。同时，实践活动中与同学的互动，尤其是通过“勤工助学认识的新同学”，彼此在工作中的接触及日常交往，也对参加勤工助学的学生产生了直接影响，可考虑为自变量之一，这两个自变量是来自外界环境的推动。另外，学生自己主观的想法也会影响学生的自我调节。问卷中调查了学生申请勤工助学的原因，其中一个备选答案为“锻炼能力”，因这一原因参加勤工助学的学生有更强烈的主观愿望，他们倾向于通过在勤工助学中获得高于自己已有的能力水平，勤工助学中学生的自我调节能力可能是促成其他能力提高的一个重要因素。另外，结构方程模型分析结果显示，勤工助学本身对自我调节的影响是分析的前提，需要纳入回归模型。

第一，先做出以上各变量对改善学生生活程度影响的散点图，观察它们之间是否如预想的一样具有线性关系，矩阵散点图如图8–3所示。为行文简

洁或视情况需要，下文或图表中“直接上司在勤工助学中给予的指导”用“直接上司给予的指导”代替，“通过勤工助学认识的新同学”用“认识的新同学”代替，“勤工助学的实践活动”或“勤工助学活动”用“勤工助学”代替。

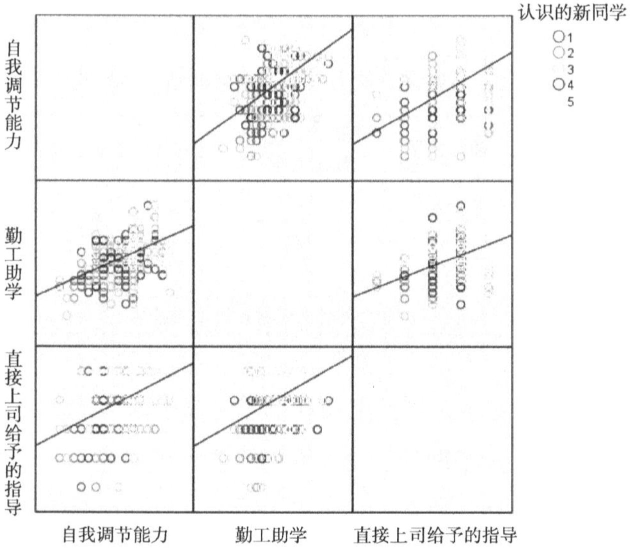

图8-3　自我调节能力与其他自变量的散点图

资料来源：本研究作者绘制

观察散点图可知，关注的自变量均与因变量之间有明显的线性关系，满足回归分析的建模条件，由此提出如下研究假设。

假设H_9：直接上司在勤工助学中给予的指导、通过勤工助学认识的新同学、勤工助学的实践活动、因锻炼能力参加勤工助学对学生自我调节能力的提高有正向影响。

现采用以下多元线性回归模型进行分析。

$$y_2 = \beta_0 + \beta_1 x_{21} + \beta_2 x_{22} + \beta_3 x_{23} + \beta_4 x_{24} + e_{21}$$

x_{21}表示直接上司在勤工助学中给予的指导，x_{22}表示通过勤工助学认识的新同学，x_{23}表示勤工助学的实践活动，x_{24}表示因锻炼能力参加勤工助学，y_2表示勤工助学对学生自我调节能力的影响，五个变量均为连续变量。

第二，对每个自变量与自我调节能力进行相关性分析，以确定每两对变量之间确实具有相关关系，相关分析结果如表8-3所示。

表8-3 自我调节能力与其他变量的相关性检验

–		勤工助学	因锻炼能力参加勤工助学	直接上司给予的指导	认识的新同学
自我调节能力	皮尔逊相关性	0.543**	0.211**	0.528**	0.467**
	显著性（双尾）	0.000	0.000	0.000	0.000
	个案数	721	721	721	721
** 表示 在 0.01 级别（双尾）相关性显著					

表8-3分析结果显示，直接上司在勤工助学中给予的指导、通过勤工助学认识的新同学、勤工助学活动、因锻炼能力参加勤工助学分别与学生自我调节能力有相关性，均在0.01水平上相关显著。由此将多个自变量纳入多元线性回归分析模型，具体回归分析结果如表8-4所示。

表8-4 自我调节能力的回归分析结果

模型	未标准化系数		标准化系数	t值	显著性	共线性统计	
	β	标准误差	Beta			容差	VIF
常量	1.391	0.114	–	12.243	0.000	–	–
直接上司给予的指导	0.222	0.027	0.280	8.313	0.000	0.700	1.429
认识的新同学	0.131	0.023	0.189	5.730	0.000	0.727	1.376
勤工助学活动	0.308	0.032	0.320	9.728	0.000	0.731	1.367
因锻炼能力参加勤工助学	0.161	0.045	0.103	3.593	0.000	0.970	1.031
因变量：自我调节能力							

回归分析结果显示，直接上司在勤工助学中给予的指导、通过勤工助学认识的新同学、勤工助学活动、因锻炼能力参加勤工助学分别影响学生的自我调节能力，均在0.01水平上显著相关，由此得到回归方程。

$$y_2 = 1.391 + 0.222x_{21} + 0.131x_{22} + 0.308x_{23} + 0.161x_{24}$$

第三，确定回归模型的统计学意义。方差分析的结果说明回归模型具有统计学意义（F=136.005，$p<0.001$），回归平方和为139.128，残差平方和为183.111，方差分析结果显著。回归模型的复相关系数R值为0.659，决定系数$R^2=0.432$，调整后的$R^2=0.429$。

各项参数及方程说明假设H_9成立。直接上司在勤工助学中给予的指导、通过勤工助学认识的新同学、勤工助学活动、因锻炼能力参加勤工助学均与学生的自我调节能力成正比，任何一项的提高，都会促进学生自我调节能力的提高。

第四，对回归模型进行残差分析和共线性检测。本方程中Dubin-Watson值为1.925，可说明残差间相互独立。图8-4的残差直方图也说明残差呈正态分布，表明残差分析通过检验。多重共线性的识别可参考表8-4中的容差和VIF值，容差远大于0.1，最大VIF接近1.5，回归模型不存在多重共线性问题，通过质量检验。

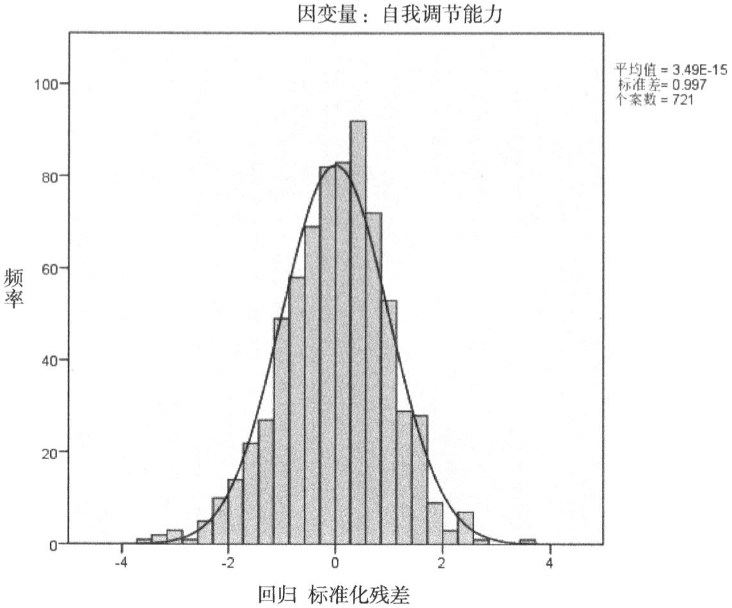

图8-4　对自我调节能力影响回归分析的残差直方图

资料来源：本研究作者绘制

三、勤工助学对学生学习进步的影响

勤工助学的主要功能是帮助学生更好地完成学业，因此，学生学习进步也是高等教育追求的目标，分析勤工助学对学生学习进步的影响对评估勤工助学的效果、完善其设置具有一定的意义。学习进步通常指学业进步，具体指对学习成绩的提高。勤工助学作为实践性活动，与具体学科专业学习相关性较小，因而需要考虑能够间接引起学业改变的因素。

除学生感受到的勤工助学活动本身对其学业进步的影响外，对学习进步的影响可以从主观和客观两种角度思考，主观指学生自己对学习进步的渴望，客观指学生是否具备取得学习进步的实际能力，所以需要考虑勤工助学与这两点的关联性。学生的“价值观和奋斗精神”能够反映其主观的愿望，学生通过勤工助学提升的“书面表达能力”可以作为客观因素加以考虑。

第一，先做出以上各变量对学生学习进步影响程度的散点图，观察它们之间是否如预想一样具有线性关系，矩阵散点图如图8-5所示。

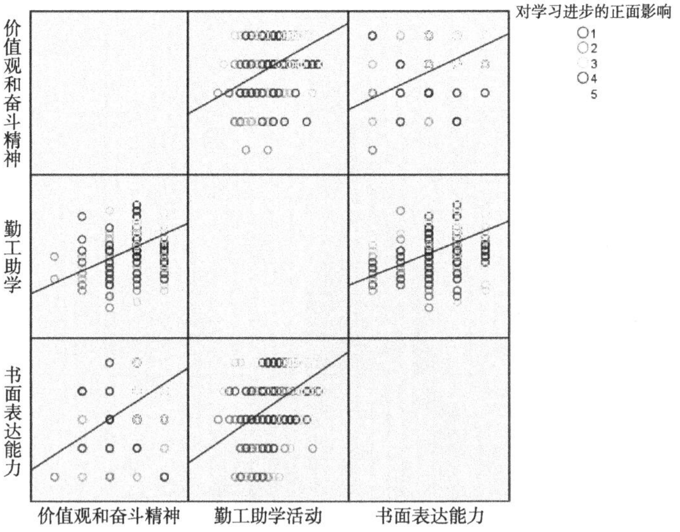

图8-5　对学习进步的正面影响与其他自变量的散点图

资料来源：本研究作者绘制

观察散点图可知，每个自变量都与因变量之间有明显的线性增长关系，满足回归分析的建模条件，由此提出如下研究假设。

假设 H_{10}：勤工助学活动、学生的价值观和奋斗精神、学生的书面表达能力对学生的学习进步有正向影响。

现采用以下多元线性回归模型进行分析。

$$y_3 = \beta_0 + \beta_1 x_{31} + \beta_2 x_{32} + \beta_3 x_{33} + e_{31}$$

x_{31}表示勤工助学活动，x_{32}表示学生的价值观和奋斗精神，x_{33}表示学生的书面表达能力，y_3表示勤工助学对学生学习进步产生的影响，四个变量均为连续变量。

第二，对每个自变量与因变量进行相关性分析，以确定每两对变量之间确实具有相关关系，相关分析结果如表8–5所示。

表8–5　对学习进步的正面影响程度与其他变量的相关性检验

–		勤工助学	价值观和奋斗精神	书面表达能力
对学习进步的正面影响	皮尔逊相关性	0.604**	0.436**	0.441**
	显著性（双尾）	0.000	0.000	0.027
	个案数	721	721	721
** 表示在 0.01 级别（双尾）相关性显著				

表8–5分析结果显示，勤工助学活动、通过勤工助学获得的价值观和奋斗精神、书面表达能力均与对学生学习进步的正面影响有相关性，均在0.01水平上相关显著。将多个自变量纳入多元线性回归分析模型后，具体回归分析结果如表8–6所示。

表8-6　对学习进步的正面影响的回归分析结果

模型	未标准化系数		标准化系数	t值	显著性	共线性统计	
	β	标准误差	Beta			容差	VIF
常量	0.016	0.160	–	0.099	0.921	–	–
勤工助学	0.637	0.047	0.474	13.407	0.000	0.670	1.493
价值观和奋斗精神	0.165	0.042	0.139	3.889	0.000	0.651	1.537
书面表达能力	0.123	0.037	0.121	3.305	0.001	0.625	1.599
因变量：对学习进步的正面影响							

表8–6的回归分析结果显示，勤工助学活动、通过勤工助学获得的价值观和奋斗精神、通过勤工助学提升的书面表达能力均与学生学习进步相关，在0.01水平上显著相关，由此可得到回归方程。

$$y_3 = 0.016 + 0.637x_{31} + 0.165x_{32} + 0.123x_{33}$$

第三，确定回归模型的统计学意义。方差分析的结果说明回归模型具有统计学意义（F=159.641，$p < 0.001$），回归平方和为252.793，残差平方和为378.458，方差分析结果显著。回归模型的复相关系数R值为0.633，决定系数$R^2 = 0.400$，调整后的$R^2 = 0.398$。

各项指标系数说明假设H_{10}成立，勤工助学活动、通过勤工助学获得价值观和奋斗精神、通过勤工助学提升的书面表达能力均对学生学习进步有正面影响，任何一项的提高，都会促进学生学习进步。

第四，对回归模型进行残差分析和共线性检验。回归模型的Dubin–Watson值为2.035，反映残差间相互独立。图8–6的残差直方图也说明残差呈正态分布，表明残差分析通过检验。表8–6中的容差和VIF值，容差远大于0.1，三个自变量中最大的VIF值接近2，回归模型不存在多重共线性问题，通过质量检验。

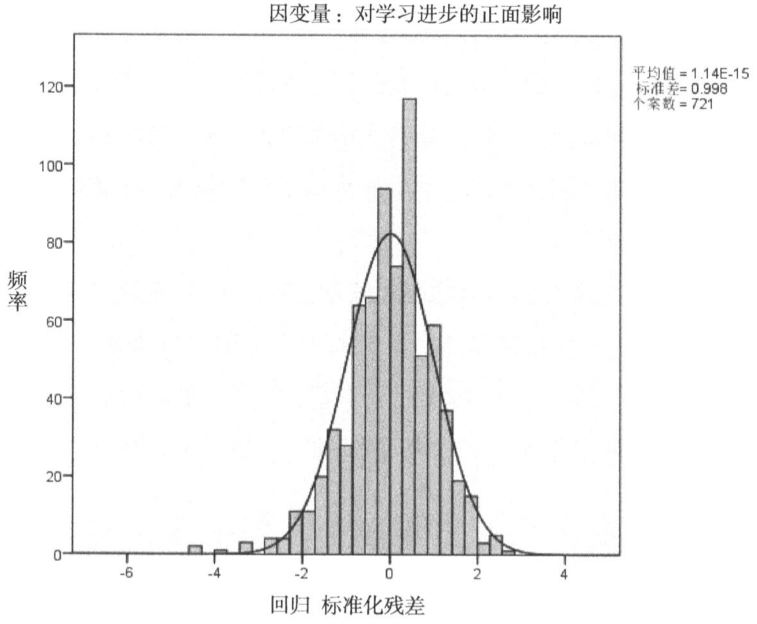

图8-6　对学习进步的正面影响回归分析的残差直方图

资料来源：本研究作者绘制

四、勤工助学对学生获得奖学金程度的影响

为帮助高校大学生顺利完成学业，国家和高校采用多种资助方式支持不同群体的学生，助困和奖优形式并存。勤工助学具有向家庭经济情况困难同学倾斜的特点，而奖励学习成绩或表现优秀的学生，属于资助政策中奖优的范畴，虽然各高校各种奖学金类别丰富，但均一定程度上对获得奖励的学生的学习成绩有一定的要求。两种不同形式的资助政策，是否有所关联，资助政策的助困行为是否对奖优行为有所影响，参加勤工助学的学生是否更有机会获得奖学金。

勤工助学实践活动种类多样，不同高校其实施形式也不同。奖学金的获得通常取决于学生学业表现和个人能力水平的综合结果，考虑勤工助学对学生获得奖学金程度的影响必然需要注意这两种因素，即勤工助学中与学业表现和个人能力水平相关联的指标。一是勤工助学与学业的关联程度，二是学生通过勤工助学获得的实践能力发展。另外，勤工助学作为一项需要付出时间和精力的工作，是否在给学生带来成长发展的同时也挤占了学生的学习时间，因此可以将学生的月均工作量视为一种影响因素，考察其影响的正负效应。

第一，先根据这三个因素绘制矩阵散点图以探寻变量之间的两两关系，如图8-7所示。为行文简洁，下文或图表中用“与学业的关联程度”代替“勤工助学与学业的关联程度”，“实践能力发展”代替“通过勤工助学获得的实践能力发展”，“月均工作量”代替“个人勤工助学的月均工作量”。

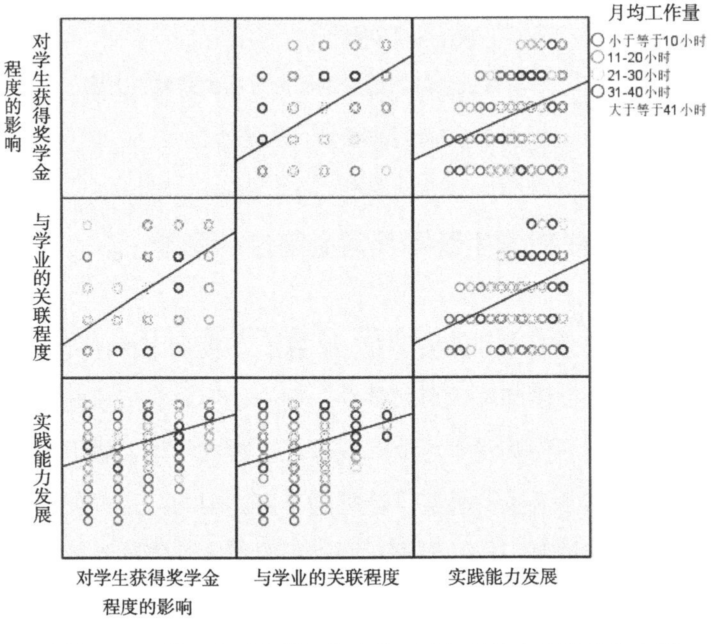

图8-7　对学生获得奖学金程度的影响与其他自变量的散点图

资料来源：本研究作者绘制

由观察散点图可知，每个自变量都与因变量之间有明显的线性关系，满足回归分析的建模条件，由此提出如下研究假设。

假设H_{11}：勤工助学与学业的关联程度、通过勤工助学获得的实践能力发展、勤工助学的月均工作量对学生获得奖学金程度有正向影响。

现采用以下多元线性回归模型进行分析。

$y_4 = \beta_0 + \beta_1 x_{41} + \beta_2 x_{42} + \beta_3 x_{43} + e_{41}$

x_{41}勤工助学与学业的关联程度，x_{42}表示通过勤工助学获得的实践能力发展，x_{43}表示个人勤工助学的月均工作量，y_4表示勤工助学对学生获得奖学金程度的影响，四个变量均为连续变量。

第二，对每个自变量与因变量进行相关性分析，以确定每两对变量之间确实具有相关关系，相关分析结果如表8–7所示。

表8–7　对学生获得奖学金程度的影响与其他变量的相关性检验

–		与学业的关联程度	实践能力发展	月均工作量
对学生获得奖学金程度的影响	皮尔逊相关性	0.607**	0.354**	–0.104**
	显著性（双尾）	0.000	0.000	0.027
	个案数	721	721	721
** 表示在 0.01 级别（双尾）相关性显著				

表8–7分析结果显示，勤工助学与学业的关联程度、通过勤工助学获得的实践能力发展、月均工作量与学生获得奖学金程度有相关性，均在0.01水平上相关显著。将多个自变量纳入多元线性回归分析模型后，具体回归分析结果如表8–8所示。

表8–8　对奖学金获得程度的影响的回归分析结果

模型	未标准化系数		标准化系数	t值	显著性	共线性统计	
	β	标准误差	Beta			容差	VIF
常量	0.828	0.150	–	5.507	0.000	–	–

续表

模型	未标准化系数		标准化系数	t值	显著性	共线性统计	
	β	标准误差	Beta			容差	VIF
与学业的关联程度	0.539	0.030	0.558	17.881	0.000	0.861	1.162
实践能力发展	0.197	0.038	0.161	5.138	0.000	0.856	1.168
月均工作量	−0.095	0.025	−0.111	−3.791	0.000	0.984	1.016
因变量：对学生获得奖学金程度的影响							

表8–8的回归分析结果显示，勤工助学与学业的关联程度、学生的实践能力发展对学生获得奖学金程度有正向影响，勤工助学的月均工作量对学生获得奖学金程度有反向影响，但均在0.01水平上显著相关，由此得到回归方程。

$$y_4 = 0.828 + 0.539x_{41} + 0.197x_{42} - 0.095x_{43}$$

第三，确定回归模型的统计学意义。方差分析的结果显示回归模型具有统计学意义（F=159.292，$p < 0.001$），回归平方和为246.415，残差平方和为369.719，方差分析结果显著。回归模型的复相关系数R值为0.632，决定系数$R^2 = 0.400$，调整后的$R^2 = 0.397$。

各项指标系数说明假设H_{11}部分成立，勤工助学与学业的关联程度越高、学生在勤工助学活动中获得的实践能力发展越强，对学生获得奖学金程度的正向影响越大。但勤工助学的月均工作量对学生获得奖学金程度有反向影响，即随着学生在勤工助学中投入的时间从10小时向40小时逐渐递增并超过40小时时，学生获得奖学金的概率反而下降。这可能是因学生投入过多的时间在勤工助学上而影响学业表现，从而降低获得奖学金的机会。

最后，对回归模型进行残差分析和共线性检验。回归模型的Dubin–Watson值为1.976，反映残差间相互独立。图8–8的残差直方图也说明残差呈正态分布，表明残差分析通过检验。表8–8中的容差和VIF值，容差远大于0.1，三个自变量中最大的VIF值为1.168，回归模型不存在多重共线性问题，通过质量检验。

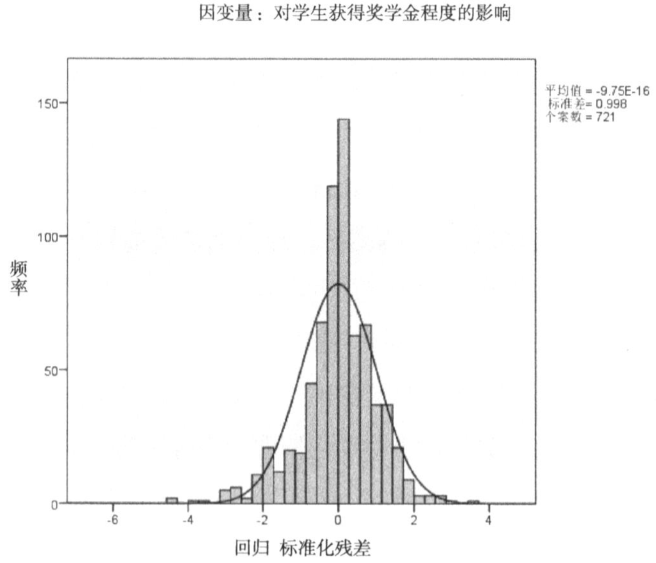

图8-8 对学生获得奖学金程度的影响回归分析的残差直方图

资料来源：本研究作者绘制

五、勤工助学对学生未来职业选择的影响

与其他类型的资助形式相比，勤工助学是一种需要学生自身参与的实践活动，而非基于已获得的学习成绩等结果争取各类资助奖励的单次行为。勤工助学为学生提供了有反馈的场域，这种实践活动是一种准工作状态，学生通过付出时间和精力获得劳动报酬，与进入社会中的职业状态相似。学生毕业步入社会前均面临职业选择，这种准工作状态可能会帮助学生更好地认识自己，无论是勤工助学整体环境还是接触的师生及学生自己的感受，均可能成为引发学生自己探索职业选择的因素。因此，本部分关注勤工助学对学生职业选择的影响。

Hackett和Betz最早研究了自我效能对择业的影响，认为择业中个人的自我效能越强，择业的范围和成功的可能性越大[①]。且在择业的自我效

① HACKETT G，BETZ N E. A self–efficacy approach to the career development of women[J]. Journal of vocational behavior，1981，18（3）：326–339.

能上，男生对于职业生涯探索和职业认知的主动性普遍强于女生[①]。将此研究结果与勤工助学结合起来思考就不免要问，作为一项实践活动，勤工助学的哪些方面可能对学生职业选择产生影响，或者说勤工助学获得的哪些能力或方法能够促进学生对职业选择的思考。很明显，这里的影响因素属于相对广泛的能力而非单一的指标。经过上文的结构方程模型分析结果，学生在勤工助学实践活动中获得的实践能力发展、自我效能发展都是多个单因素聚合的因子，且两种能力都与工作场景有一定的联系，可设想两者均有可能对学生职业的选择有影响。勤工助学活动本身的影响也需要考虑。更进一步，如果勤工助学对学生职业选择有影响，这种影响在男生和女生之间是否有如上文已有研究一样有差异？

第一，先通过绘制矩阵散点图探寻变量之间的两两关系，结果如图8-9所示。为行文简洁，下文或图表中用“对未来职业选择的影响”代替“勤工助学对未来职业选择的影响程度”。

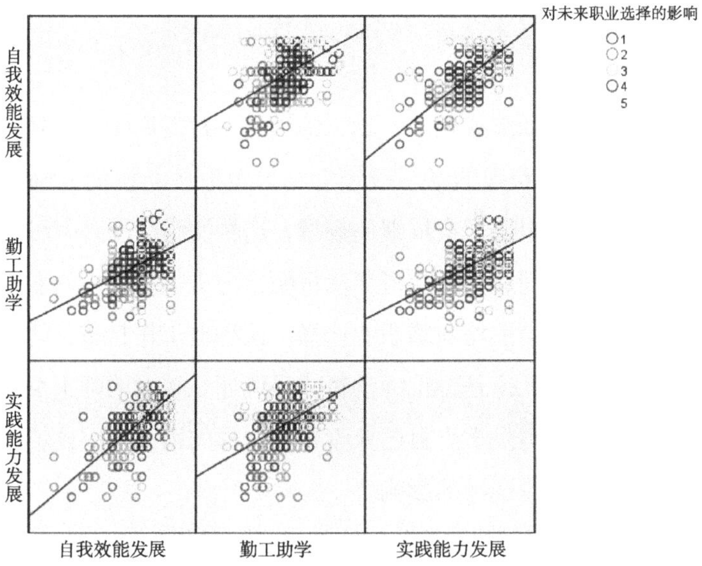

图8-9　对未来职业选择的影响程度与其他自变量的散点图

资料来源：本研究作者绘制

① 陈峰.高校大学生择业的自我效能与集体效能研究[J].社会科学论坛，2014（11）：201-209.

由散点图可知，每个自变量都与因变量之间有明显的线性关系，满足回归分析的建模条件，由此提出如下研究假设。

假设H_{12}：勤工助学活动、学生获得的实践能力发展、学生获得的自我效能发展对学生未来职业选择有正向影响，且不同性别间有差异。

现采用以下多元线性回归模型进行分析。

$$y_5 = \beta_0 + \beta_1 x_{51} + \beta_2 x_{52} + \beta_3 x_{53} + \beta_4 x_{54} + e_{51}$$

x_{51}表示勤工助学活动，x_{52}表示通过勤工助学获得的实践能力发展，x_{53}表示通过勤工助学获得的自我效能发展，x_{54}表示学生的性别，y_5表示勤工助学对未来职业选择的影响。其中，性别变量设为虚拟的二分变量，男生为“1”，女生为“0”，其余四个变量均为连续变量。

第二，分别将每个自变量与对未来职业选择的影响进行相关性分析，以确定每两对变量之间确实具有相关关系，相关分析结果如表8–9所示。

表8–9　对未来职业选择的影响与其他变量的相关性检验

–		勤工助学	实践能力发展	自我效能发展	性别
对未来职业选择的影响	皮尔逊相关性	0.547**	0.479**	0.475**	0.153**
	显著性（双尾）	0.000	0.000	0.004	0.000
	个案数	721	721	721	721
** 表示在 0.01 级别（双尾）相关性显著					

表8–9分析结果显示，勤工助学活动、学生获得的实践能力发展、学生获得的自我效能发展、学生的性别均与对未来职业选择的影响有相关性，均在0.01水平上相关显著。将多个自变量纳入多元线性回归分析模型后，具体回归分析结果如表8–10所示。

表8-10　对未来职业选择影响的回归分析结果

模型	未标准化系数		标准化系数	t值	显著性	共线性统计	
	β	标准误差	Beta			容差	VIF
常量	-0.285	0.182	-	-1.565	0.118	-	-
勤工助学活动	0.539	0.053	0.373	10.237	0.000	0.671	1.489
实践能力发展	0.207	0.069	0.154	2.987	0.003	0.333	3.000
自我效能发展	0.203	0.070	0.149	2.890	0.004	0.337	2.967
性别	0.183	0.061	0.091	3.012	0.003	0.981	1.019
因变量：对未来职业选择的影响							

表8-10的回归分析结果显示，勤工助学活动、学生通过勤工助学获得的实践能力发展和自我效能发展均对学生未来职业选择有正向影响，男生和女生对勤工助学对未来职业选择影响程度感知有明显差异，但几个变量均在0.01水平上显著相关，由此可得到回归方程。

$$y_5 = -0.285 + 0.539x_{51} + 0.207x_{52} + 0.203x_{53} + 0.183x_{54}$$

第三，确定回归模型的统计学意义。方差分析的结果说明回归模型具有统计学意义（F=101.691，$p < 0.001$），回归平方和为264.286，残差平方和为465.203，方差分析结果显著。回归模型的复相关系数R值为0.602，决定系数$R^2 = 0.362$，调整后的$R^2 = 0.359$。

各项指标系数说明假设H_{12}成立，勤工助学活动、学生通过勤工助学获得的实践能力发展和自我效能发展均对学生未来职业选择有正向影响，与女生相比，勤工助学活动对未来职业选择影响程度对男生来说更强，强度为每单位增加0.183。

第四，对回归模型进行残差分析和共线性检验。回归模型的Dubin-Watson值为1.935，图8-10的残差直方图也说明残差呈正态分布，表明残差分析通过检验。表8-10中的容差和VIF值，容差远大于0.1，三个自变量中最大的VIF值为3，回归模型不存在多重共线性问题，通过质量检验。

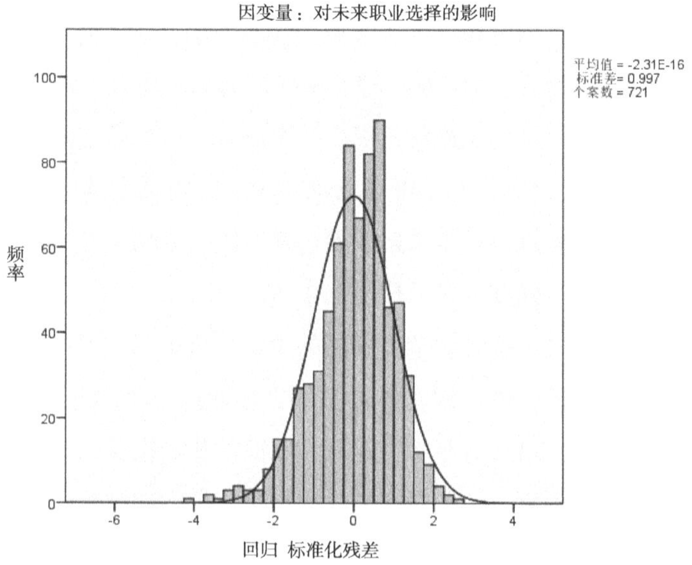

图8-10　对学生未来职业选择的影响回归分析的残差直方图

资料来源：本研究作者绘制

六、勤工助学实践对学生的综合作用

本章主要通过多元线性回归分析模型，在勤工助学对学生发展影响的整体框架和路径基础上，分析学生因参加勤工助学感知到的更具体的发展和成长。提出的研究假设H_9、H_{10}、H_{12}均成立，假设H_8、H_{11}部分成立，表现为其中两个因素中原假设的正向影响实际为反向影响。研究结果显示：第一，学生投入勤工助学的时间、通过勤工助学获得的报酬对学生生活条件的改善有正向影响，家庭人均月收入对此有反向影响。其他变量不变，学生获得的劳动报酬每增加一个单位，学生的生活改善程度提高0.699。第二，直接上司在勤工助学中给予的指导、通过勤工助学认识的新同学、勤工助学活动、因锻炼能力参加勤工助学对学生自我调节能力的提高有正向影响。第三，勤工助学活动、学生的价值观和奋斗精神、学生的书面表达能力对学生的学习进步有正向影响。第四，勤工助学与学业的关联程度、通过勤工助学获得的实践能力发展对学生获得奖学金有正向影响，月均工作量对此有负向影响。学生月均工作时长越长，对其获得奖学金的负向影响越大。月均工作量每提高一个单位，对学生获得奖学金的负面影响提高0.095。第五，勤工助学活动、学生获得的实践能力发展、学生获得的自我效能发展对学生未来职业选择有正向影响，且对男生的影响比对女生的影响大，强度为每单位增加0.183。

综上，本章对勤工助学对学生发展的影响分析更深入了一步，并分析了影响每一个方面的具体指标。因此，在勤工助学的政策设定上，可以遵循以上的具体指标，增加引起学生发展和收获的积极设置，减少影响学生发展和成长的负面因素，合理安排学生参加勤工助学的时长，为学生提供足够的有益岗位。

第九章 影响学生勤工助学发展的背景变量

上一章的结构方程模型反映了勤工助学对学生发展影响的整体结构和路径，不包含任何因学生的背景信息产生的影响。实际上，学生参与勤工助学同其所在的社会环境背景也有相关。本章采用多群组结构方程模型的方法，分析学生背景变量对学生发展路径的调节作用，验证了研究假设H_{13}、H_{14}、H_{15}，即学生性别变量、不同学科背景变量、家庭人均月收入变量分别对学生发展的一些影响路径，以探讨不同的背景变量对大学生发展影响路径的调节作用。

一、多群组结构方程模型分析

多群组结构方程模型（Multi-Group Structual Equation Modeling）用于分析不同样本之间的结构方程模型差异。结构方程模型使用的数据通常为总体中的单样本随机观察数据，其模型的共变结构反映单样本的情况，但有时需要比较不同样本之间的异同；考察不同群体是否适合研究提出的模型，确定提出的定类变量或定序变量是否对结构方程模型产生调节作用，如数据在男性组别和女性组别之间的因子结构是否相同，某些路径参数在不同组别之间是否有差异等。组别设置可以是不同地区、不同属性、实验组和对照组等。

多群组结构方程模型分析检验的目的是探讨适配某一群体的模型其对

应参数是否能适配于不同样本的其他群体，评估研究者所提出的理论模型在不同样本群体间是否具有等同性[①]。不同样本间是否具有等同性的检验是一种调节效应的概念。检验中设置的变量通常为定类变量或定序变量，可用于测量模型检验，以检验跨样本的测量信效度，也可用于结构模型的检验，即检验定类变量或定序变量对模型路径的调节效应。若多群组SEM分析检验结果表明假设模型合适可被接受，则表示存在调节效应。

多群组结构方程模型分析的原理是将原样本中的单一结构关系分成多个平行共变结构，以评估共变结构之间的等同性。因此，设定不同的参数方式，多群组结构方程模型分析将会产生多种组合结果。在多群组参数限定中，若将多个群体在路径模型中所有对应的参数设为相等，则该检验为全部恒等性检验，是最严格的检验；若将多个群体中部分路径对应的参数设为相等，则该检验为部分恒等性检验；若多个群体的路径参数没有限制，则该检验为最宽松的模式。

学者布赖恩（Bryne，1994）认为研究者应关注多群体等同性的五个方面：测量模型组间不变性检验、结构模式恒等性评估、特定参数恒等性评估、平均结构不变性检验、模型交互效度即复核效度检验。群组不变性检验需要遵循一定的逻辑顺序，通常从多个群组对应的潜变量与指标标量之间的因子载荷开始检验，若测量模型恒等性可以被接受，则进行结构模型不变性的检验或其他参数恒等性检验。研究者从部分参数恒等性检验开始，逐一增列参数限制条件，直到进行全部参数恒等性检验。

在进行模型检验的过程中，可使用嵌套模型比较的方法对模型进行配对检验，即检验时以参数限制的数目作为其中一个基准模型，将基准模型与其他模型进行比较。嵌套模型比较的虚无假设是参数较少的模型与参数较多的模型形态一致，即具有恒等性，而对立假设是两个模型不具有恒等性。若是检验的卡方值达到显著（$p < 0.05$），则拒绝虚无假设，接受

① 吴明隆. 结构方程模型：AMOS 的操作与应用 [M]. 重庆：重庆大学出版社，2009.

对立假设，即两模型之间有差异；若检验的卡方值未达到0.05显著水平（$p > 0.05$），则接受虚无假设，拒绝对立假设，即两个模型之间无差异，可视为相同的模型。

若两个模型之间有显著差异，则可对模型进行进一步分析，通过两个模型参数差异的临界比值来确定模型中具体系数的差异。若参数间差异的临界比值小于1.96，则表示两个参数可视为相等；若参数间差异的临界比值大于1.96，则表示两个参数间的路径显著不同。最后，根据运行结果分析嵌套模型是否具有恒等性，根据参数差异的临界比值来确定模型中具体系数是否有差异。

二、性别变量对学生发展路径的调节作用

上文结构方程模型在测量模型的基础上，形成了关于勤工助学对学生发展影响的路径分析。数据分析是基于全样本分析得出的结果，没有具体深入探究背景变量对模型是否有调节作用。例如，勤工助学对不同性别的学生影响是否可以适用同一模型，勤工助学是否会对不同性别学生的发展产生不同程度的影响，对此，可以学生性别为调节变量，考察性别变量对学生发展影响路径的调节作用，并提出如下研究假设。

假设H_{13}：性别变量在勤工助学对学生发展影响的路径中具有调节作用。

进行多群组结构方程模型分析之前，首先绘制结构方程模型图，将721条全样本数据分为“男生组”和“女生组”两个样本，对两个样本进行恒等性检验之后，考察两个群组模型的路径系数异同。根据假设H_{13}将男生组的结构方程模型路径图绘制为图9-1所示，其中七条路径分别编号为b1_1、b2_1、b3_1、b4_1、b5_1、b6_1、b7_1。

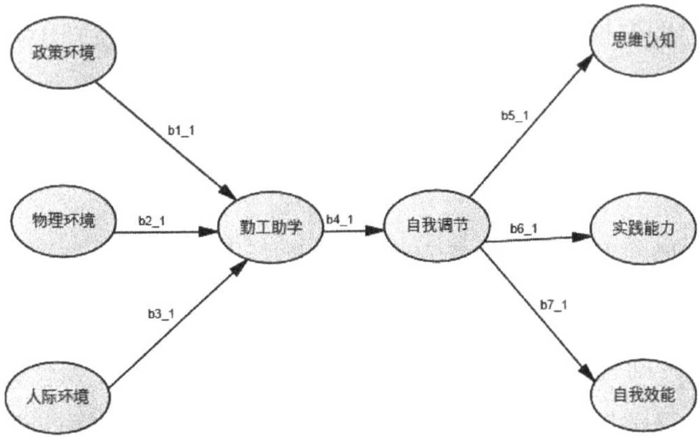

图9-1 男生群组结构方程模型路径系数设置

资料来源：本研究作者绘制

将女生组的结构方程模型路径图绘制为图9-2所示，其中七条路径分别编号为b1_2、b2_2、b3_2、b4_2、b5_2、b6_2、b7_2。

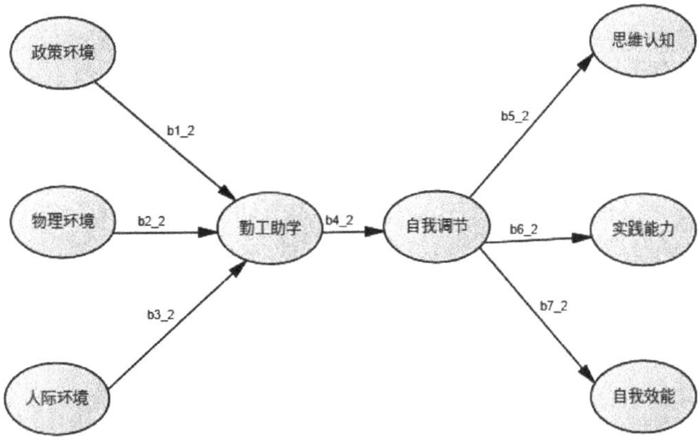

图9-2 女生群组结构方程模型路径系数设置

资料来源：本研究作者绘制

在AMOS多群组结构方程模型分析的具体操作中，首先设定不同性别群组数值，然后设置模型不变性，使用AMOS 24.0运行上述模型，得到各模型的拟合指数，重点关注的结构模型中的路径系数（Structural weights）即学生性别变量在勤工助学中对学生发展影响的路径系数指标拟合如表9–1所示。

表9–1　不同性别的多群组结构方程模型的路径分析拟合结果

Model	CMIN/DF（x^2/df）	NNFI（TLI）	CFI	RMSEA
Unconstrained	3281.935/156=3.174	0.900	0.900	0.055
Measurement weights	3320.473/130=3.133	0.899	0.899	0.054
Structural weights	3338.02/123=3.128	0.899	0.899	0.054
评价标准	＜5	＞0.9	＞0.9	＜0.08
评价结果	合格	可接受	可接受	合格

表9–1显示的模型适配度统计量中，TLI值与CFI值均大于宽松值0.7，接近或等于0.9，可接受达到模型适配标准，x^2/df值和RMSEA值达到适配标准指标，整体显示多群组参数限制的全部不变性可以被接受。在预设模型为真的情况下，即模型同时满足不同性别学生为背景变量的勤工助学对学生发展影响时，嵌套模型的比较结果如表9–2所示。

表9–2　嵌套模型的比较结果

Model	DF	CMIN	p	NFI Delta-1	IFI Delta-2	RFI rho-1	TLI rho2
Measurement weights	26	38.538	0.054	0.002	0.002	–0.002	–0.002
Structural weights	33	56.085	0.007	0.002	0.002	–0.002	–0.002
Structural covariances	39	62.891	0.009	0.003	0.003	–0.003	–0.003
Structural residuals	44	87.915	0.000	0.004	0.004	–0.002	–0.002
Measurement residuals	78	244.551	0.000	0.010	0.011	0.000	0.000

表9–2显示，设定测量系数（Measurement weights）相等的模型B，

p=0.054（$p>0.05$），卡方值未达到0.05显著水平，表示模型具有组间不变性，即测量模型对男生组和女生组具有恒等性，说明模型具有跨群组效度。而设定结构系数（Structural weights）相等的模型C，p=0.007（$p<0.05$），卡方值达到0.05显著水平，则拒绝虚无假设，接受对立的研究假设H_{13}，表明结构系数之间有差异，即学生的性别变量在勤工助学对学生发展影响的路径中具有调节作用。

而具体对男生群组和女生群组结构方程模型的路径差异分析，需要根据配对参数比较选项中的“参数间的差异临界比值”确定。如果两个对应属性相同的参数，其临界值比值绝对值小于1.96（显著水平为0.05），则两个参数间可视为相等；若临界值比值绝对值大于1.96，两个参数间可视为有显著差异。根据这一标准得出的不同性别变量群组路径系数的差异比较如表9-3所示。各变量名称均沿用第七章“数据的信度和效度分析”时使用的简化名称。

表9-3　不同性别群组路径系数的差异分析

假设编号	路径			路径编号	男生标准化系数Estimate	女生标准化系数Estimate	差异临界值	差异结果
H_1	勤工助学	<---	政策环境	b1	0.099	0.085	−0.314	否
H_2	勤工助学	<---	物理环境	b2	0.130	0.273	0.933	否
H_3	勤工助学	<---	人际环境	b3	0.578	0.319	−2.388	是
H_4	自我调节	<---	勤工助学	b4	0.756	0.574	1.835	否
H_5	思维认知	<---	自我调节	b5	0.861	0.791	0.163	否
H_6	实践能力	<---	自我调节	b6	0.876	0.763	−2.368	是
H_7	自我效能	<---	自我调节	b7	0.878	0.749	−1.230	否

表9-3显示，研究提出的假设H_1、H_2、H_4、H_5、H_7在男生组和女生组之间不存在显著的差异，而假设H_3、H_6在男生组和女生组之间存在显著的差异。这一结果说明，政策环境和物理环境对男生组和女生组的影响

没有差异，而人际环境对勤工助学的影响，对男生产生的效用明显比对女生产生的效用大。人际环境中的指标既包括老师对学生的指导和互动，也包括同学之间的互动，说明男生对人际关系的敏感度高于女生。在自我调节到实践能力的路径中，男生和女生也表现出了一定的差异，男生在实践能力方面的收获要大于女生。值得注意的是，实践能力的测量问项中包括“团队合作的意识和能力”以及“拓展社交网络的能力”，这一指标同样含有人际互动的含义。因此，可以简单地理解为，人际互动在勤工助学中对男生的影响，以及男生通过勤工助学获得的人际互动能力，均显著高于女生。对此，在勤工助学活动中，可以通过增加教师和学生的互动的次数、鼓励学生之间的交流等方式创造良好的人际环境，提高女生在此方面的感受力，促进学生各方面的发展和收获。

三、不同学科变量对学生发展路径的调节作用

本研究数据分别来自综合性大学、理工科院校和文科院校，且初步数据分析显示不同学科背景的学生数量有一定差异。帕斯卡雷拉（Pascarella）的学生变化评定模型在解释影响学生成长的变量集中，考虑了“学生背景”的特殊因素。阿斯汀的输入–环境–产出理论中，也专门将“专业”作为影响学生发展的产出输入因素之一。因此，本研究考察不同学科背景的学生变量是否对勤工助学对学生发展影响的路径具有调节作用时提出的研究假设如下。

假设H_{14}：不同学科变量在勤工助学对学生发展影响的路径中具有调节作用。

进行多群组结构方程模型分析之前，首先需绘制结构方程模型图，将721条全样本数据分为以“理工科”“文科类”为群组变量名称的两个样

本，对两个样本进行恒等性检验之后，考察两个群组模型的路径系数异同。设定不同学科群组数值，然后设置模型不变性。设置包括预设模型、测量系数相同模型、路径系数相同模型、协方差相同模型、结构残差相同模型、模型不变性六个模型，使用AMOS 24.0运行上述模型，得到各模型的拟合指数，重点关注的结构模型中的路径系数即不同学科变量在勤工助学中对学生发展影响的路径系数指标拟合如表9-4所示。

表9-4　不同学科的多群组结构方程模型的路径分析拟合结果

Model	CMIN/DF（x^2/df）	NNFI（TLI）	CFI	RMSEA
Unconstrained	3239.455/1034=3.133	0.892	0.901	0.055
Measurement weights	3288.719/1060=3.103	0.894	0.900	0.054
Structural weights	3304.819/1067=3.097	0.894	0.899	0.054
评价标准	＜5	＞0.9	＞0.9	＜0.08
评价结果	合格	可接受	可接受	合格

表9-4显示的模型适配度统计量中，NNFI值与CFI值均大于宽松值0.7，接近0.9，可接受达到模型适配标准，x^2/df值和RMSEA值达到适配标准指标，整体显示多群组参数限制的全部不变性可以被接受，因此结构路径系数拟合的情况被接受。嵌套模型比较结果显示，与预设模型相比，结构系数相等的模型的p值为0.001（$p<0.05$），卡方值达到0.05显著水平，则拒绝虚无假设，接受对立的研究假设H_{14}，表明结构系数之间有差异，即不同学科的背景变量在勤工助学对学生发展影响的路径中具有调节作用。

理工科群组和文科类群组结构方程模型的路径差异分析，根据配对参数比较选项中的“参数间的差异临界比值”确定。若两个对应属性相同的参数，其临界值比值绝对值小于1.96（显著水平为0.05），则两个参数间可视为相等；若临界值比值绝对值大于1.96，两个参数间视为有显著差异。根据这一标准得出不同学科背景变量群组路径系数的差异比较如表9-5所示。

表9-5　不同学科背景群组路径系数的差异分析

假设编号	路径			路径编号	理工科标准化系数Estimate	文科类标准化系数Estimate	差异临界值	差异结果
H_1	勤工助学	<---	政策环境	b1	0.145	0.023	−1.338	否
H_2	勤工助学	<---	物理环境	b2	0.060	0.432	3.156	是
H_3	勤工助学	<---	人际环境	b3	0.567	0.250	−2.126	是
H_4	自我调节	<---	勤工助学	b4	0.705	0.615	−2.622	是
H_5	思维认知	<---	自我调节	b5	0.833	0.825	0.294	否
H_6	实践能力	<---	自我调节	b6	0.848	0.784	−0.378	否
H_7	自我效能	<---	自我调节	b7	0.843	0.775	−0.547	否

表9–5显示，研究提出的假设H_1、H_5、H_6、H_7在理工科群组和文科类群组之间不存在显著的差异，而假设H_2、H_3、H_4在理工科群组和文科类群组之间存在显著的差异。这一结果说明，政策环境对勤工助学的影响在理工科群组和文科类群组之间没有差异，不同学科背景的学生通过勤工助学得到的发展和收获也没有显著差异。而物理环境对勤工助学的影响，对文科生产生的效用比对理工科学生产生的效用大；人际环境对勤工助学的影响，对理工科生产生的效用明显比对文科生产生的效用大。理工科学生在勤工助学（活动）与自我调节机制方面，受到的影响比文科生大。以上三条路径差异，验证了假设H_{14}，说明不同学科变量对勤工助学对学生发展影响的路径具有调节作用。探究引起不同学科背景同学不同感知背后的原因可能得出的结论是，不同学科训练可能引导学生形成不同的思维方式，文科类专业学生对自然的环境敏感度有可能更强，理工科专业学生有可能对实用的人际环境更敏感，且这种敏感加强了对自我的反思。以上原因尝试对差异进行解释，是否成立需要进一步的研究。但无论何种原因使不同学科背景的学生感受到差异，从学校层面出发，都可以在勤工助学活

动设计的源头增加不同的激励机制，以鼓励不同学科背景的学生积极参加勤工助学活动，差异性地利用学科优势，适当增强补弱。

四、家庭人均月收入变量对学生发展路径的调节作用

在前期调研中，通过了解参加勤工助学学生的实际生活情况，得知申请勤工助学的学生中，家庭经济困难的数量较多，很多同学出于减轻父母经济压力的原因而参加勤工助学，以“减轻家庭经济负担”为由而参加勤工助学的学生比例高达66.6%，详情如图9-3所示。

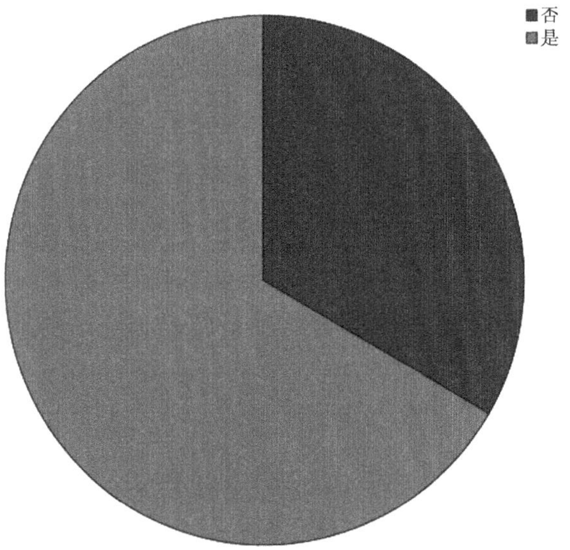

图9-3　因“减轻家庭经济负担”而参加勤工助学的学生比例图

资料来源：本研究作者绘制

这一问题圈定了具有一定特征的学生群体，符合高校大学生资助向贫困生倾斜的政策内涵，思考他们是否有区别于其他同学的感受和收获，是本研究希望考虑的问题。设计变量衡量这部分同学的实际家庭经济负担，

最直观的计量即家庭人均年收入，但考虑到计算的准确性和填答的方便性，问卷将问题改为“申请勤工助学当年，您的家庭人均月收入为多少”，以考察不同家庭月收入变量是否在勤工助学对学生发展的影响中具有调节作用，具体提出的研究假设如下。

假设H_{15}：家庭人均月收入变量在勤工助学对学生发展影响的路径中具有调节作用。

根据对这一问题的统计，发现3000元是家庭人均月收入的标志性分界，家庭人均月收入在3000元以下的数量占70.7%，3000元以上数量占29.3%。因此，以3000元为界，将样本数据分为“低收入（3000元以下）”“相对高收入（3000元及以上）”两个群组。然后，绘制多群组结构方程模型图，考察“低收入”和“相对高收入”两个群组模型的路径系数异同。设定群组数值及样本恒等性检验，包括预设模型、测量系数相同模型、路径系数相同模型、协方差相同模型、结构残差相同模型、模型不变性六个模型，使用AMOS 24.0运行以上模型，得到各模型拟合指数，重点关注结构模型中的路径系数，即家庭人均月收入变量在勤工助学中对学生发展影响的路径系数指标拟合如表9–6所示。

表9–6　家庭人均月收入变量的多群组结构方程模型的路径分析拟合结果

Model	CMIN/DF（x^2/df）	NNFI（TLI）	CFI	RMSEA
Unconstrained	3329.798/1034=3.220	0.889	0.898	0.056
Measurement weights	3368.857/1060=3.178	0.891	0.897	0.055
Structural weights	3374.459/1067=3.163	0.892	0.897	0.055
评价标准	＜5	＞0.9	＞0.9	＜0.08
评价结果	合格	可接受	可接受	合格

表9–6显示的模型适配度统计量中，TLI值与CFI值均大于宽松值0.7，

接近0.9，达到可接受模型适配标准，x^2/df值和RMSEA值达到适配标准指标，整体显示多群组参数限制的全部不变性能够被接受，因此结构路径系数拟合的情况被接受。嵌套模型比较结果显示，与预设模型相比，结构系数相等的模型的p值为0.002（$p < 0.05$），卡方值达到0.05显著水平，则拒绝虚无假设，接受研究假设H_{15}，表明结构系数之间有差异，即家庭人均月收入背景变量在勤工助学对学生发展影响的路径中具有调节作用。

而“低收入”群组和“相对高收入”群组结构方程模型的路径差异分析，通过“参数间的差异临界比值”确定。不同家庭人均月收入群组路径系数的差异比较表如9-7所示。

表9-7　不同家庭人均月收入群组路径系数的差异分析

假设编号	路径			路径编号	低收入标准化系数Estimate	相对高收入标准化系数Estimate	差异临界值	差异结果
H_1	勤工助学	<---	政策环境	b1	0.108	−0.002	−1.158	否
H_2	勤工助学	<---	物理环境	b2	0.122	0.434	2.025	是
H_3	勤工助学	<---	人际环境	b3	0.534	0.226	2.417	是
H_4	自我调节	<---	勤工助学	b4	0.692	0.613	−0.562	否
H_5	思维认知	<---	自我调节	b5	0.821	0.820	−0.952	否
H_6	实践能力	<---	自我调节	b6	0.826	0.838	−0.288	否
H_7	自我效能	<---	自我调节	b7	0.834	0.807	−0.414	否

比较表9-7属性相同的两个对应参数，假设H_2和假设H_3两个参数的临界值比值绝对值大于1.96（显著水平为0.05），说明两条路径有显著差异。其余路径系数对应参数的临界值比值绝对值均小于1.96，表示路径没有明显差异。可见低收入群组学生对人际环境对勤工助学的影响体验感更强。从学校的层面出发，了解家庭经济困难学生在勤工助学中的实际需求和感受，以及这部分同学是否需要进一步支持和关注，是勤工助学工作开展前需要考虑的初始问题。

五、背景变量的影响态势

本章采用多群组结构方程模型的方法，分析了学生背景变量对学生发展路径的调节作用。验证了研究假设H_{13}、H_{14}、H_{15}，即学生性别变量、不同学科背景变量、家庭人均月收入变量分别对学生发展的一些路径产生调节作用。研究结果显示：第一，在以性别为背景变量的情况下，人际环境对勤工助学实践的影响，对男生产生的效用明显比对女生产生的效用大，说明男生对人际关系的敏感度较女生强，且男生在实践能力方面的收获要大于女生。这可以简单地理解为，人际互动在勤工助学中对男生的影响，以及男生通过勤工助学获得的人际互动能力，均显著高于女生。对此，可以通过增加教师和学生的互动、鼓励学生之间的交流等方式创造良好的人际环境，提高学生尤其是女生的发展和收获。

第二，在以学科为背景变量的情况下，物理环境对勤工助学实践的影响，对文科生产生的效用比对理工科学生产生的效用大。理工科学生在勤工助学中产生的自我调节能力比文科生略大。不同学科的训练引起不同的思维方式，文科类专业学生对自然环境的敏感度更高，而理工科学生更倾向于分析和反思，具体的相关性分析需要进一步研究，本部分主要展示两者的不同。

第三，与家庭人均月收入相对高的群组学生相比，家庭人均月收入低的学生对人际环境影响勤工助学的体验感更强，对物理环境影响勤工助学的体验感更弱。这种差异可能与家庭人均月收入相对低的群组同学希望更多地融入社会关系有关，他们对物理环境的体验感反而不敏感。总体来看，不同的背景变量在多个层次对学生发展路径产生调节作用。具体到勤工助学的实践设计中，可以综合考虑多方面的因素，增加不同类别学生实践的差异化设计。

第十章　高校勤工助学与学生能力发展关系

在接受高等教育的过程中，个体通过不断更新成长从而形成自我探索能力是被认可的科学的培养规律。反思勤工助学质量，探讨勤工助学对学生发展的影响作用，能够考察教育功能和资助政策的实现情况，这既是对勤工助学的多元价值功能的探索，又是对高等教育培养能力型人才效果的微观考量。本研究以勤工助学对学生发展的影响力为基础，跳出资助政策的已有框架，包括并超越了现有传统的仅对生活补助作用的研究领域，考虑到勤工助学政策的溢出效果，得出勤工助学实践活动与学生成长关系的结论。针对我国现有的高校资助政策质量评估研究不足，缺乏以学生发展为本的研究，提出对已有政策改进的建议，以及以学生发展为目标的可能解决方案。

一、高校勤工助学与学生发展研究结果

本研究针对高等教育资助政策质量研究不足的现状，设计学生发展测量量表，依据学生自我体验报告数据，研究了勤工助学这一特定资助方式对学生发展的各方面影响，得出以下结论。

第一，在对勤工助学相关概念及文献进行梳理的基础上，根据研究假设，通过个案访谈和专家建议，编制了研究的调查测量量表：勤工助学的环境感知量表、勤工助学的实践量表、学生的自我调节量表、学生的发展

和收获量表。经试调查及实证数据证明，测量量表具有良好的信度和效度。根据修正后的结构方程模型，勤工助学的环境感知量表包括勤工助学的政策环境、物理环境、人际环境3个因子，12个指标；勤工助学的实践量表包括1个因子，5个指标；学生的自我调节量表包括1个因子，5个指标；学生的发展和收获量表包括3个因子，12个指标。

第二，基于学生发展理论、社会实践理论、学生投入理论、建构主义理论，提出勤工助学的环境（感知）、勤工助学的实践、学生的自我调节、学生的发展和收获4个部分的关系结构模型，并提出7个研究假设。通过探索性因子分析和验证性因子分析，得出勤工助学对学生发展影响的结构方程模型。研究结果表明，勤工助学的整体环境影响勤工助学的实践，勤工助学的实践通过学生的自我调节机制对学生的发展产生了积极的正向影响。

第三，使用AMOS 24.0，进行勤工助学对学生发展的影响模型拟合，模型拟合结果良好，适配指标均达到标准。对结构方程模型的路径系数进行显著性检验，在0.05显著水平下，学生感受到的勤工助学的政策环境、物理环境、人际环境分别对勤工助学的实践有直接的影响，对学生各项能力的发展有间接的影响。勤工助学的实践活动对学生的思维认知、实践能力、自我效能发展产生积极的正向影响，学生在勤工助学中得到的自我调节能力是产生影响的关键机制。学生在勤工助学岗位实践活动中对信息的吸纳、客观环境的影响、学生的主观能动性共同构成了学生的自我调适过程，学生在调适过程中获得了不同方面的发展。

第四，采用多元线性回归分析，分析了勤工助学对学生其他方面发展的影响。主要是对学生的生活、学业、未来职业的正向影响，分析了学生投入勤工助学的时间、勤工助学中与教师和同学的互动、通过勤工助学获得的实践能力发展、价值观和奋斗精神等因素，对学生改善学习和生活条件程度、自我调节能力、学习进步、学生获得奖学金程度、对未来职业选择的影响及影响大小，8个研究假设得到验证，充分体现了勤工助学除帮助家庭经济困难学生改善学习和生活水平外，在全覆盖情况下促进大学生全面发展的政策溢出效应。

第五，在结构方程模型基础上，进行多群组结构方程模型分析。引入学生性别、不同学科、家庭人均月收入为背景变量，分析各变量在勤工助学对学生发展的影响路径中的调节作用。其中，男生通过勤工助学获得的人际互动能力、实践能力显著高于女生；文科生对物理环境对勤工助学影响的敏感度比理工科学生高，理工科学生对人际环境对勤工助学影响的敏感度、勤工助学与自我调节机制方面的敏感度比文科生高；家庭低收入学生对人际环境对勤工助学的影响的体验感更强，相对家庭高收入学生对物理环境对勤工助学的影响的体验感更强。由此延伸到勤工助学的实践设计中，可以综合考虑学生的背景因素，增加不同类别学生实践的差异化设计。

第六，针对我国现有的高校资助政策质量评估研究不足，缺乏以学生发展为本的研究情况下，提出针对性工作优化路径，即增加勤工助学等高校资助活动的多样性，将勤工助学设计成从多方面促进学生发展的小项目集合；优化勤工助学的整体环境，从学校层面加强勤工助学的宏观和微观环境设计；重视对学生发展的全程追踪，针对在校学生和已毕业学生采取不同的方式，形成有效的信息库系统，追踪教育的长期效果。

二、基于实证研究结果的建议

以勤工助学对学生发展影响的研究为基础，本部分分别基于勤工助学促进学生发展的关系，跳出习惯性的资助政策研究的已有框架，对高等教育更好地服务于学生发展进行阐述，包括对已有政策改进的思考，以及以学生发展为目标的可能解决方案。

（一）增加勤工助学等高校资助活动的多样性

上文研究表明，勤工助学对学生发展具有重要影响。学生访谈中也反映了一些勤工助学已有的问题。我们可以尝试从以下几方面拓展勤工助学的边界。

第一，从整体的资助政策设计来看，若以学生发展为主线设计高校整体资助政策的制度，勤工助学就不仅可以被理解成资助政策中的一种，而且是一种广泛影响学生成长的方式。因此，可以将勤工助学看作是每个学生均可参加的项目类锻炼，其获得的经济资助是项目完成的附带结果，以在心理上降低勤工助学的经济意义，增加勤工助学对学生能力等方面发展的促进意义。这种思维方式的转变并不会影响到勤工助学对减轻家庭经济困难的基础内涵，反而可以通过项目化方式与其他类别的奖优资助政策相结合。各种奖学金也可以采用与勤工助学相结合的方式发放，如对勤工助学中成长程度高的学生进行奖优等。

第二，已有勤工助学岗位多集中于事务类工作，专业性较弱；体力型岗位多，技能型岗位少，与学业发展的紧密度不够。那么，学业发展、专业发展是否可以纳入勤工助学的范畴？从勤工俭学的历史回溯可以发现勤工助学的本质是以工促学。在学校范围内的“工”通常使人联想到“岗位”“活动”“补助”这些词，似乎勤工助学就是通过完成一定的任务获得报酬。而前面的研究说明，勤工助学在帮助学生获得经济收入的同时可以促进学生发展。那么，如何通过增加勤工助学岗位与专业知识的相关性促进学生的发展？勤工助学已有“助教”“助研”“助管”岗位，但在实际操作中，这些岗位通常限定于研究生群体，对学生的学习能力有一定程度的要求。本调研的数据显示，对经济补助的需要程度而言，本科一年级、二年级的学生对勤工助学岗位需求最大。因此，在实践中可以从勤工助学岗位需求与专业知识的结合点出发，在内容或时间维度上增加岗位的专业性，如要求参加勤工助学的学生在完成某项工作后，将工作内容事务流程文本化，使不同的勤工助学岗位模块化，以利于接任同学迅速熟悉工作，从而实现无缝连接。从时间维度将勤工助学与专业知识学习长期挂钩，在岗位中或岗位空闲时间中设计学生讨论环节，通过课余资料收集，结合某一主题或工作中某一问题以小组形式开展讨论，在一学期勤工助学岗位结束时轮流汇报分享，将勤工助学作为课外学生交流的平台。另外，可以考虑增加一些实验、设计、拍摄等需要一定知识能力的岗位等。

第三，上文研究显示，勤工助学对学生职业的选择具有启发思考的作用。目前，高等教育与职业教育相对割裂，学界在此问题上争论不休，有学者认为高等教育是为了培养“无用”的知识，而非“有用”的职业。本研究认为上述争论的焦点在于对学生精力的争夺，更多的是概念对立，缺乏以学生发展为基础的整合，学生职业定位的萌芽是在实践尝试基础上的一种感受力。这种感受力可以通过在学校的实践活动和课程学习中同时获得，两者并不矛盾。从职业基本素养的角度看，甚至可以将学生的准职业能力模块化。一些职业中共通的能力可以通过学业、锻炼思维、提升认知方式等途径获得，如良好的沟通能力、书面和口头表达能力，将一个项目或活动通过合理的规划呈现、在实施过程中向目标不断靠近调整的执行能力，通过与同学互动获得的团队合作和求同存异能力，通过扩大视野认识到自身局限性的能力，持续向内看认识自己、发现自己的底层思考的能力等。以上这些方面的能力，不仅可以通过专业学习获得，也可以通过勤工助学等实践类项目获得。更进一步讲，有意识地在勤工助学项目中创造增加这些能力的机会，应成为政策设计者思考的问题。

综上，在已有勤工助学岗位需求基础上，可以聚焦于增加勤工助学的内容设计，将勤工助学设计成适合学生成长的小项目。从学生的需求出发，征集学生对勤工助学应该开展什么项目的意见。由学生自己产生的创意和想法，更能反映出学生希望获得的教育和知识。这样的项目设计方式，虽然前期不易实施，需要教师的引导和项目设计能力，但一旦形成对学生的正向反馈生态，就有希望真正转变管理者主导、学生被动吸收知识的态势。学生在项目设计和思考过程中，也更能理解事务运作的流程、规律，从被动接受到主动思考、拓展，这种小生态的正循环有望慢慢扩展，充分体现学生作为独立个体的价值。长远来看，有可能影响高校整个生态，形成成全个体的多元化教育，达到教育影响人的终极目标。

当然，勤工助学不是一个全能的项目，不可能解决学生发展过程中的所有问题。教育的过程是一棵树摇动另一棵树的过程，而不能本质上决定树木向何方成长。但增加教育过程中的养分，提升勤工助学项目自带的功能，营造良好的环境，在教师的心中撒下培养学生的种子，净化勤工助学的内外环境和自身价值，却是能在长远的将来中体现出教育本身的价值过程。

（二）优化勤工助学实践活动的整体环境

上文研究表明，勤工助学的政策环境、物理环境、人际环境，都对勤工助学的实践活动具有直接影响。在学校层面，这些内容包含了勤工助学的宏观环境和微观环境。从宏观环境来说，整个学校的硬件环境，学生的学习、生活环境，图书馆的藏书量、勤工助学岗位中使用工具的方便程度等，塑造了勤工助学的物理环境。并且，学校整体的氛围，对勤工助学的重视程度，学校对学生发展的关注程度，特别是是否以学生发展为目标设计勤工助学，更应成为领导层面关注的主要问题。通常情况下的高校运行，均由管理理论出发，把学校看成一个需要被管理的运营整体，并划分为学术管理、行政管理、学生管理等不同方面。若以促进学生发展为着眼点，将影响学生成长的事件元素化，把管理思维转化为学生发展的设计思维，高校将成为使学生成长的天然场域。无论是专业学习、个人成长、能力发展，都可以分散在课堂内外、生活中间，发生在学生在校园中的每一刻。

高校应致力于建立有利于学生成长的微观环境，从管理层面认识到构建微观环境的重要性，以学生的需要确定工作的内容和形式，提高工作的针对性，为学生提供多样化的发展路径。学生发展主要体现在个体成长的现实性和当下性，这就需要深入了解学生多元的需求和发展要求，了解学生的心理成长需要，在符合学生身心发展的情况下，拓宽学生成长的方向，而不仅仅专注于提高学生的知识学习能力。尊重学生自主选择的学习方式、生活方式，在此基础上管理学生，并提供有效的服务，把学习的主动权交还到学生手中。培养学生的独立探索精神，引导学生拓宽学业发展、生涯发展、自我意识发展，同时要求学生做自己成长的主人，为自己的学习和行为负责。

另外，可以加强教师对学生的教育影响力，打破传统情况下高校教学工作和学生工作分离的现状。教师对学生的教育不应仅仅局限于课堂，同学之间的同辈影响也不应仅限于具体生活。以学生整体发展为思路去合理建立教学、管理制度，才能增强教师对学生教育的渗透力，而同辈之间的影响，可以扩展课堂外的学术交流机会，通过建立以专业为核心的解决问题的项目小组，与他人基于特定问题的讨论、互动或者组织活动，以增加学生在实际学习和生活中分析问题、解决问题的能力，这种教学和生活相互融合的模式更加符合教育在无声中改变人的特点。而这种模式的运行，需要高校的教育者在顶层政策设计中将优化学生发展环境作为目的来思考，并切实设计合理的政策、制度等在实践层面加强教师与学生、学生与学生之间有价值的交流。只有当教育的主体是以让学生获得更好的成长或发展的最终目的来设置，才能打破藩篱，跳出条条框框，把知识和实践融合。这种多元素的交错和学生小循环式的升级成长中蕴含着教育的本质和学生成长的规律，在促进整体发展的环境下，也更容易产生符合教育本质的发展或创新形式。

（三）重视对大学生发展的全程追踪

本研究着重研究高校勤工助学对大学生发展的影响，只是高等教育实践中一个特定的角度，落脚点在于学生发展，而高等教育系统对学生发展的影响较少有人探究。研究既需要聚焦于具体问题，也需要从全局思考。上文提出高校应以学生发展为目标开展学生教育，就需要思考如何定义学生各方面的发展和改变，这种发展不仅限于学生在校期间的改变，也包括学生走向社会后因学校改变引起的成长。目前，我国高等教育在学生发展理论方面建树不够，多效仿西方以学生事务管理为基础的学生发展理论，收集基于学生实际发展的数据，不仅可以总结现有学生发展情况，也有望为系统化思考学生发展提供资料。

首先，需要建立对学生发展有效的测量系统。测量可以基于两个阶段，在校学生发展的信息及追踪已毕业学生的发展情况。这样，问题就转化成如何在不同阶段准确收集学生发展的信息。学生个体具有差异化的特点，学生对自我发展程度的定义源于自我认知。因此，对学生发展的探究应来自学生的自我反馈，尤其是学生自我体验的测量。对此，可参考美国“全国大学生投入性调查（NSSE）”的思路，设立围绕学生学习和发展为主体的大学生自我报告式调查，清华大学、北京大学已经做了这方面的尝试。清华大学于2009年将NSSE进行了本土化，形成了文化适应后的NSSE-China，在全国高校试点进行调研。北京大学于2006年开展“首都高校教学质量与学生发展状况”的年度调查，每年持续在北京高校中进行调研。

对在校学生发展情况的记录，可以尝试以学生为数据点，对学生进行个性化记录。一方面记录学生的成长事件或活动信息，并分成不同模块，如课程学习、学术专业、同学互助、教师支持、个人成长等。一方面记录学生对学校的评价。对于学生参加的心理咨询活动、就业咨询活动等，可调查学生的满意度及学生个人感受到的成长变化。这种基于常态化的统计数据支持，既能记录学生的个人发展，也能反映学校具体工作的效果，将对高校的集中评估分散到日常学生发展中，有利于建立学生参与的教育评价模式。

对于已毕业的学生，可以从国家层面对高等教育毕业生去向及发展进行动态更新。在当今大数据时代，以学生为单位的数据点的建立在技术上已可以实现，这与建立个人征信系统类似。对学生个人发展的信息，也可以从学生进入教育系统的不同阶段开始记录，当然，需要以信息安全和伦理恰适为前提。基于调查总体的基数，即使数据反映的是部分样本信息，由于其真实性，仍然具备极大的分析和研究价值。况且，学生进入社会后所做的思考及与现实的联结，是与教育拉开一段时间及距离之后的回望，既能反映教育的长期效果，更能看到教育系统中需要强化的优点和需要改进的弱点。并且，随着毕业生对职业和生活的精进探索，也伴随着社会的转型和持续发展，被教育培养者自身发展形成的体验，抑或更深入的思考，对教育的反溯，甚至反塑，可能更接近教育的本质。

（四）推动勤工助学向“勤工促学”的顶层设计转变

虽然勤工助学在不同历史阶段有不同的政策背景含义，但总体来说，均是围绕帮助学生解决学业和生活支出、提供完成学业的资金保障而展开的。从勤工助学的政策演变来看，勤工助学或兼顾了不同时期的制度建设需求，或隶属于学生资助政策的一部分，但都未跳出勤工俭学或勤工助学的应对性提法。伴随着信息社会的发展变化，教育资助政策也要考虑从“勤工助学”向“勤工促学”的能力建设思路转变。

从资助政策的设定角度来看，顶层的学生资助政策设计不应该将学生考虑成被动的政策接受者，仅是被帮助、被影响的对象，而应该把学生当作有能力自我发展的主动的独立的个体。对于大学生而言，他们处于离家和成长的关键时期，又具备了独立思考的能力，本身具有融入学校和自我发展的愿望，所以，勤工助学政策要以学生为中心进行能力建设，把经济资助问题内含在学生发展的全过程中。要更多地考虑教育的育人本质，通过资助政策的设定，引导学生更快更好地发展和成长。

第十一章　从勤工助学向勤工促学延伸

如果说我国“勤工助学”发展分为三个主题阶段的话，那么，第一个阶段突出了劳动的教育功能。第二个阶段以1998年的《中华人民共和国高等教育法》为标志，在制度上统一采取了政府委托学校提供校内助研、助教、助管等岗位，重点是为保障学生学业完成提供一些工作报酬。第三个阶段当以2018年的《高等学校勤工助学管理办法（2018年修订）》这一专门针对勤工助学的政策法规为标志，因为它明确地反映了勤工助学的政策目标对能力型人才培养的需要，强调勤工助学要提升学生综合素质和实践能力。因此，本研究将其视为“勤工促学”阶段的开始。

勤工促学是促进大学生成长性的和专业性提升的实践培育活动，勤工促学与发展型高效资助政策转向相适应，最大的变化是将重心放在能力育人方面。可见，在第三个阶段，我国高校资助工作环境、资助功能及目标都发生了新的变化，勤工助学的类型和途径也发生了很大的变化。与家庭经济困难学生、有参与实践锻炼意愿学生、提升个人交往能力需求学生相对应，在“勤工促学”阶段发生了从学业保障、实践能力提升到促进学生发展的层级式跃迁。

一、勤工助学资助环境的变化

（一）我国高校大学生资助育人政策向发展型资助政策转变

发展型资助政策是一套旨在促进家庭经济困难学生全面发展的资助体系。它不仅提供经济支持，还注重学生的身心健康、学业进步、素养提升及就业准备，目标是培养自尊自爱、自信自强、能创造美好生活的青年人才。2017年教育部党组印发的《高校思想政治工作质量提升工程实施纲要》（教党〔2017〕62号）把资助育人作为“十大”育人体系的重要内容，要求实施发展型资助育人行动计划，构建物质帮助、道德浸润、能力拓展、精神激励有效融合的资助育人长效机制，进一步建立和完善由国家资助、学校奖助、社会捐助和学生自助相结合的自助渠道。如江苏省教育厅等14部门印发的《关于加强家庭经济困难学生发展型资助育人工作指导意见》明确指出，发展型资助政策以教育关爱保障学生发展公平，构建保障型资助与发展型资助并重的一体两翼资助服务体系，针对学生经济困难和成长困难两种现象开展资助工作。发展型资助育人以家庭经济困难学生身心健康发展为核心，在保障经费和物质资助基础上，同步开展育人工作，并重点针对面临身心发展、学业修习、素养提升、入学就业等困境的学生，通过系统性制度设计，构建起支持差异化发展、服务个性化成长的教育生态，形成“解困 — 育人 — 成才 — 回馈”的良性循环。

可见，在政策实践上，我国高校资助育人已经形成经济资助、心理辅导、精神帮扶、学业指导、能力提升的发展型资助育人工作体系[①]。其中，建立救助清单，为重点帮扶对象提供家庭教育指导、心理健康援助等已经成为发展型资助政策的重要内容。发展型资助政策已经突破“经济困难”这一单一资助问题，扩展为在社会心理以及精神关爱、素养提升、学生个人能力发展等方面的“成长困难”层次。在这里，我们看到了高校资助功

① 李义波.新时代高校发展型资助育人工作体系探析[J].学校党建与思想教育，2019（4）：68–71.

能的变化。勤工助学超越了单纯学费、生活费支持经济功能，更多地与个人全面成长和专业实践能力相结合，从“为保障学业的经济目标”提升为“完成学业的能力目标”。在这样大的政策转变背景下，勤工助学的功能也必然随之发生变化。

（二）从保障型勤工助学向成长型勤工促学转变

随着国家大学生资助政策的变化，勤工助学作为大学生资助政策的重要支柱之一也发生了从保障型资助向发展型资助的观念转变。勤工助学从保障型资助向发展型资助的转变，重点落在通过准工作岗位实践直接促进学生能力提升上面。从“保”的功能向“促”的成长性功能转变，扩展了勤工助学资助政策的育人功能。

助学与强能相结合已经成为指导勤工助学的实践原则。现有勤工助学虽然根据学生的意愿进行岗位安排，但是，更倾向依靠学校安排进行被动选择。与勤工助学相比，勤工促学是指促进大学生成长性的专业性的实践培育活动，更强调学生的自主性、选择性和专业性发展，更体现出学生个体行动的主动性，体现发展型资助政策以人才能力培养为中心的资助理念。通过提升能力促进学业完成是勤工助学向“勤工促学”的高质量发展的形式。通过参与专业岗位实践，及时掌握前沿知识，了解社会对专业和技能的现实需求，勤工促学会形成经济、学业、心智、实践、创业等多方面赋能的多元体系。

二、未来勤工促学的功能扩展

信息化社会下，不仅高校勤工助学的政策发生了变化，勤工助学的社会环境也发生了巨大变化，这些新变化都推动着勤工助学向勤工促学转变。专业性和实战性的能力培养使得勤工助学岗位空间不再局限在校内固定的边界，还会扩展到社会单位以及网络平台。数字信息社会的网络技术打破了校园边界，给勤工促学带来新的机会和管理上的挑战。在未来，学生参与勤工助学的自主空间会突破当前校园岗位的限制，学生选择资助主体的空间也变得越来越大，这就涉及对多个不同的资助主体的建设和管理问题。随着校外勤工助学实践数量和机会的出现，校内外的岗位之间的有趣性、报酬形式和数量都会出现更大的差异，学生们可能会因为校内岗位的资助金偏少或与自己能力成长期望不一致而选择校外的岗位，因此，学生对勤工助学岗位的层次和多样性要求也会增加。学生会超越现在校内岗位类型限制，更多地根据自己的专业需要、能力需要和就业需要要求增加校外勤工助学岗位工作，要求勤工助学工作岗位要有专业匹配度，而校外的勤工助学岗位更能够满足多样化的专业需求。同时，数字劳动形式使得大学生参与勤工助学的灵活性大大增加，随时随地的“在家办公”“网络办公”模式使得通勤时间大大节省。面对由社会提供的多种报酬方式和线上工作方式的竞争，学校也面临对校外的、网络的勤工助学管理方式的挑战。

勤工促学是勤工助学功能的扩展，可以称之为成长型勤工助学模式，可以说勤工促学是勤工助学发展的能力提升阶段。勤工促学的资助主体可以分为学校资助型、政府资助型、社会资助型、准市场型；岗位分为校内公共行政岗位型、校外专业实践岗位型、志愿服务岗位型、社会创业岗位型等不同层次；勤工促学内容应该超越心理辅导和精神帮扶的层次，重心落实在能力提升方面。岗位和资助对应情况如表11–1所示。

表11–1　勤工促学岗位和资助主体情况

–	学校资助型	政府资助型	社会资助型	准市场型
岗位与经费提供情况	学校岗位+学校资助金	校内外组织提供岗位+资助金	岗位+资助金 岗位+学校或政府或捐赠的资助金	岗位+企业单位提供报酬
专业能力层次	一般性事务	综合性能力	专门性能力	专业性能力

三、勤工助学向勤工促学转变的现实途径

结合本研究对学生发展结果的分析，研究提出推动勤工助学向勤工促学转变的政策建议。

从目前学生参与勤工助学活动的目的和政策对象的覆盖面来看，勤工助学早已超越了仅仅帮助学生解决学业生活经济来源的范畴，已达到促进学生学习、能力提升和职业发展的层次。因此，推动“勤工助学”向“勤工促学”转变，应从国家政策和高校政策的高度提升勤工助学的质量，赋予学生在解决自身经济资助问题时的主动性和创造性，鼓励学生无论面对自己遇到的学业生活困难问题还是人际交往问题、无论想增长见识还是进行专业实践都可以通过勤工促学的平台尝试解决。

（一）加大勤工促学的具体政策实施

在保持勤工助学基本经济保障内核的基础上，可以将勤工促学作为培养大学生发展的一个环节，采取相对灵活的设置方式，鼓励学生勤于工作、勤于劳动、勤于实践，培养大学生的思考认知、动手实践、自立拼搏等精神和品质。

首先，要考虑建立勤工促学与大学生实践项目相结合的贯通制度。将勤工促学设定在大学生发展的必修环节之中，在学生工作时长和项目设计方面，采取灵活、多样、可叠加的方式，更加贴近学生专业、学业发展。具体可以和如下现有课堂进行整合：勤工助学与大学生创业课堂结合；勤工助学大学生职业发展和社会实践项目相结合；勤工助学与志愿服务相结合。通过与大学生多种实践活动的结合，形成勤工助学与学生全面发展的联动机制，提升学生在学业、生活和准职业生涯规划的能力。充分调动学生的积极性，并且根据学生的反馈，让学生自主参与到勤工促学的实践活动中来，从帮助学生成长到影响学生主动成长，推动勤工助学转变为勤工促学。

其次，根据勤工助学的阶段性、不连续性特点，大力开发项目型勤工

促学岗位。高校应创新勤工助学模式，以满足和适应新时代人才能力发展需求。例如，可以引入项目化管理模式，鼓励学生以项目团队形式参与勤工助学活动；或者增强设立专项基金支持学生开展创新创业项目等。

最后，探索社会与高校勤工促学的耦合机制。随着我国慈善事业的发展，针对高校学生的勤工助学公益项目已经向勤工促学功能转变，为此，勤工促学要和社会公益服务相结合，为学生提供现实的选题。在这方面需要打造勤工助学可持续品牌，探索勤工促学与企业成长性助学可持续性的公益模式；探索与基金会的发展型勤工助学项目相对接的方式；探索社会创业与勤工促学相对接的方式。

（二）完善多层次岗位供给体系

重视与职业教育培养模式的贯通合作。我国高等院校的各个专业和学科都建有实习实训基地，勤工促学要有效地利用实训基地，使学生进入真正的工作环境，获得真实的经验，培养学生的专业嗅觉及其专业体验，在实践中锻炼沟通、协调、团队合作等综合能力，以帮助他们提前适应职场环境，提升就业竞争力。

未来，高校应积极整合校内外资源，开发设置多样化的勤工助学岗位，以满足不同学生的需求。岗位设置应与学生的学科特点、兴趣特长相结合，确保学生能够在工作中发挥所长、实现个人价值。同时，高校还应加强岗位管理，确保岗位的工作内容、工作要求与学生的能力素质相匹配，提高岗位的稳定性和吸引力。此外，高校还应加强勤工助学的信息化建设和管理水平提升工作，利用大数据、人工智能等先进技术手段提高资助工作的精准性和效率性，创新勤工助学制度与模式，丰富勤工促学岗位和领域。

第十二章　国际学生勤工助学政策

勤工助学作为一种教育实践，在国际高等教育中也是一种常见的形式。在国际上，勤工助学通常被称为Work-Study Program（WSP）。我国国际学生勤工助学政策虽然是高等教育人才培养的一个小切口，但是，也经历了中华人民共和国成立初期的起步阶段（1950—1978年）、改革开放时期的稳步发展阶段（1979—1999年）和2000年以来的快速发展阶段（2000年至今）。在这个发展过程中，经历了从局部视野向国际化视野、从政治考量到教育考量、从语言学习所需到全球化国际人才培养所需的转化过程。尤其是2021年出台的《高等学校国际学生勤工助学管理办法》首次对国际学生参加勤工助学活动进行了专门规定，标志着我国对国内外高校学生勤工助学管理体系的全面建设能力和水平。

一、国际学生勤工助学政策出台的背景

改革开放以来，我国的经济社会发展水平不断提高，在国际上产生了巨大的吸引力。中国教育的国际影响力不断增强，得益于中国一贯以来坚持的“引进来”和“走出去”的教育对外开放政策。来华国际学生勤工助学政策就是为满足全球化文化交流与人才培养的需要而制定的一个具体政策，是我国对国际学生国际化教育发展的结果。

来华留学学生的发展历程可以分为三个阶段，即中华人民共和国成

立初期的起步阶段（1950—1978年）、改革开放时期的稳步发展阶段（1979—1999年）和2000年以来的快速发展阶段（2000年至今）。1950年末至1951年初，罗马尼亚、保加利亚、波兰、捷克斯洛伐克等国家派出33名留学生陆续来到中国，这个时期来华留学人才的发展目标是为国际主义尽义务，为社会主义国家的建设培养人才。培养来华留学生是中国外交的一部分，“文化大革命”期间被迫中断。1950—1978年，我国累计招收了9803名来华留学生，年均增长率2.09%。这一时期大多数留学生均享受国家资助，以学习语言和进修专业为目的。来华的留学生主要来自当时的社会主义国家，结构比较单一。改革开放以来，来华留学发展目标定位为现代化建设服务，来华留学生来源结构呈现出多元化，留学生的招生来源地由最初的37个国家增至164个国家，1979—1999年，累计接收留学生31万人，年均增长率近30%。这个时期的来华留学生既有奖学金留学生也有自费留学生。进入21世纪的来华留学生以融通中外的国际人才培养为目标，成为推动教育国际化、促进国际学术交流、参与全球治理的国际化人才。2000年以来，来华留学规模不断扩大，2018年共有196个国家492185名留学生来华学习，其中学历生258122，占总数的52.44%，中国成为亚洲最大的留学目的国。① 据留学中国计划项目的一个统计数字显示，2019年，全年留学人员达到468000人次，其中学历留学生143000人次；2020年全年留学人员达到500000人次，其中学历留学生150000人次。从全球化角度来看，国际学生教育已经成为高等教育国际化的重要组成部分。其中一个显著的变化是当前国际留学生教育已经由强调数量向重视质量转变。

① 王昕生.从国际友人到国际人才：来华留学七十年的发展与变迁[M]//王辉耀，苗绿，郑金连，等.中国留学发展报告.北京：社会科学文献出版社，2022.

二、国际学生勤工助学政策的基本内涵

国际学生勤工助学政策不仅是学生经济支持的一种方式，也是学生职业发展和社会实践的重要组成部分。在国际视野下，勤工助学被看作学生在校园内外通过劳动获得报酬，以改善学习和生活条件的一种实践活动。这种做法不仅有助于学生经济上的自立，还能促进其个人能力的发展和社会经验的积累。

最初，我国对国际学生的勤工助学活动并没有明确的法规指导，但随着改革开放的不断扩大，特别是加入世界贸易组织（WTO）后，国际学生交流发展非常迅猛，国际学生教育与管理成为国际教育的重要领域。就此，我国政府开始重视国际学生的勤工助学问题，对留学生的管理政策也不断完善。关于来华留学生勤工助学的文件规定不多，以往一般是包含在相关政策的某个部分之中，如表12-1所示。

表12-1　国际学生勤工助学政策一览表

发布时间	发布部门	政策法规名称	内容
2000年1月31日	教育部、外交部、公安部	《高等学校接受外国留学生管理规定》	外国留学生在校学习期间不得就业、经商，或从事其他经营性活动，但可以按学校规定参加勤工助学活动
2010年9月21日	教育部	《留学中国计划》	在条件允许的情况下，为来华留学人员勤工助学提供便利，为实习实践创造条件。逐步建立起教学与实习对接、课堂与社会衔接的教育机制
2017年3月20日	教育部、外交部、公安部	《学校招收和培养国际学生管理办法》	国际学生在高等学校学习期间可以参加勤工助学活动，但不得就业、经商或从事其他经营性活动。国际学生勤工助学的具体管理规定，由国务院教育行政部门会同有关部门另行制订

续表

发布时间	发布部门	政策法规名称	内容
2018年10月9日	教育部	《来华留学生高等教育质量规范（试行）》	来华留学生在学科专业上的培养目标和毕业要求与所在学校和专业的中国学生一致，符合相应教育层次、专业的教育教学标准或相关规范。本规范专门针对来华留学生高等教育的特有规律和要求，与适用于高等教育的其他教育教学标准和规范相互补充、衔接、配合
2021年12月29日	教育部办公厅、公安部办公厅、人力资源社会保障部办公厅、国家移民管理局综合司	《高等学校国际学生勤工助学管理办法》	对国际学生参加勤工助学活动进行了规范。提出“国际学生校内外勤工助学活动按照学有余力、自愿申请、扶困优先、遵纪守法的原则，在学校统一领导、统筹安排下进行。”明确了国际学生校内外勤工助学工作时长规定、酬金数额、地域范围、风险承担方、管理主体等方面要求

2000年的《高等学校接受外国留学生管理规定》第四章奖学金制度中的第三十六条规定，外国留学生在校学习期间不得就业、经商，或从事其他经营性活动，但可以按学校规定参加勤工助学活动。2010年的《留学中国计划》在第十八条社会实践条目下规定，在条件允许的情况下，为来华留学人员勤工助学提供便利，为实习实践创造条件。逐步建立起教学与实习对接、课堂与社会衔接的教育机制。这里提到了勤工助学，而后由各个学校再作具体说明。2017年的《学校招收和培养国际学生管理办法》是在2000年《高等学校接受外国留学生管理规定》的基础上，沿用了国际学生在高等学校学习期间可以参加勤工助学活动，但不得就业、经商或从事其他经营性活动这一条。当时，关于国际学生勤工助学的具体管理规定还没有正式出台。2018年的《来华留学生高等教育质量规范（试行）》是首次专门针对来华留学教育制定的质量规范文件，标志着对来华国际留学生的教育质量管理成为核心话题，强调学历教育国际留学生必须以学业为主，这一规定与勤工助学有一定的关联，是为了教育的国际化和学生能力的全面发展，以提升教育对外开放水平。

2021年的《高等学校国际学生勤工助学管理办法》（以下简称《办法》），首次以“办法”的形式对国际学生参加勤工助学活动进行专门规定。《办法》提出，国际学生校内外勤工助学活动按照学有余力、自愿申请、扶困优先、遵纪守法的原则，在学校统一领导、统筹安排下进行。同时，《办法》明确了国际学生校内外勤工助学的时长、酬金数额、地域范围、风险承担方、管理主体等方面的要求。这些规定在目的和适用范围上强调规范高等学校国际学生的勤工助学活动，提升教育对外开放水平，保护学生的合法权益。

高等学校国际学生勤工助学是指国际学生在学校组织和管理下，利用课余时间，通过劳动取得合法报酬，用于改善学习和生活条件的实践活动。国际学生勤工助学岗位包括校内外勤工助学实践，校内勤工助学岗位以教学助理、科研助理、行政管理助理和学校公共服务等为主，这些工作通常较为灵活，可以适应学生的课程时间表，且允许学生在赚取生活费用的同时，不离开校园。但需要注意的是，这并不包括学校按照教学计划组织国际学生参加教学实习和社会实践。勤工助学活动应遵循学有余力、自愿申请、扶困优先、遵纪守法的原则。时间和权益保障方面规定了国际学生校内外勤工助学，原则上每周不超过8小时，每月不超过40小时。寒暑假期间，原则上每周不超过16小时，每月不超过80小时；薪酬方面，校内固定岗位按月计酬，每月40个工时的酬金原则上不低于当地居民最低生活保障标准，而校外勤工助学酬金标准不应低于学校所在地人民政府或有关部门规定的最低工资标准，并且需要与用人单位协商确定，并在聘用协议中写明酬金数额。校外勤工助学活动需要遵循一定的条件和规定，如国际学生必须持有有效学习类居留证件且剩余有效居留时间为六个月以上，已在当前学校连续学习一年以上，学业进展和出勤率达到学校要求等。国际学生在校外从事勤工助学活动，必须通过学校向公安机关出入境管理部门申请居留证加注工作单位、期限等勤工助学相关信息，未加注相关信息的居留证不得用于校外勤工助学活动。

国际学生的校外勤工助学活动是一个情况比较复杂的问题，这些规定旨在确保国际学生在参与校外勤工助学活动时，其合法权益得到保护，同时不会影响他们的学业和遵守中国的法律法规。这些规定的出台，标志着中国在国际学生勤工助学管理方面迈出了重要一步，为国际学生提供了更多的学习和实践机会，同时也保障了他们的合法权益。

三、国际学生勤工助学的跨文化特点

国际学生勤工助学是一种重要的教育实践，它不仅帮助学生在经济上实现自立，还促进了国际学生的全面发展和跨文化交流能力的提升。国际学生勤工助学无疑有助于学生更好地融入所在国家的社会，了解不同文化和工作环境，进行跨文化交流，为学生提供了更广阔的视野和更多元的学习机会。

（一）有助于多元文化价值观的培养

勤工助学给国际学生提供了跨文化交流的机会，使学生在多元文化环境中学习和成长，因此，在国际视野下勤工助学具有跨文化交流的特点。

国际学生的勤工助学常涉及与来自不同文化背景的人合作共事，这为学生提供了直接的跨文化交流经验。通过参与由来自不同国籍、文化、语言背景的人组成的工作团队，学生可以学习如何与拥有不同文化的人有效沟通和协作。比如，参加学校或社区组织的文化交流活动如国际美食节、文化展览、讲座和研讨会，这些活动可以增加对不同文化的认识。参加有关多元文化意识和敏感性的培训，可以学习如何在工作中识别和尊重文化差异。 进行学术研究，参与跨文化研究项目，可通过研究不同文化的社会现象、历史背景和文化特征，增进对不同文化的理解和尊重。参与或组织庆祝不同文化节日的活动如春节、圣诞节、开斋节等，可体验和学习不同文化的传统和习俗。

（二）拓展全球视野进行跨文化沟通

勤工助学让学生有机会参与国际项目或与国际客户、合作伙伴打交道，从而了解全球市场和国际事务，更好地理解全球性问题和社会挑战。比如，参与国际合作项目，与来自世界各地的专业人士合作，可了解不同国家的工作环境和商业文化。加入国际学生组织或俱乐部，通过组织活动和参与讨论，增进对不同文化的了解和尊重。参与国际实习，在海外进行实习，以亲身体验不同国家的工作文化和生活方式，为国际学生提供服务和支持，有助于学生了解不同文化的需求和挑战。这些都是理解和尊重不同文化的直接方式。

（三）积累社会实践经验和人际关系网络资源

勤工助学不仅为学生提供了经济上的支持，更重要的是实现了实践经验的积累，如参与社区服务项目，特别是那些服务于多元文化社区的项目，通过服务可了解不同社区的需求和文化特点。参与国际志愿服务项目，如教育支持、环境保护、公共卫生等，可通过实际行动体验和学习不同文化。建立人际关系网络和资源，勤工助学可帮助学生建立起一个多元化的人际网络，这些联系可能会成为学生未来职业发展的重要资源。勤工助学提供了实际工作经验，这种经验对于理解工作场所的要求、培养职业素养和提升就业竞争力至关重要。

通过这些活动，学生不仅能够提高自己的跨文化沟通能力，还能够培养起对全球多样性的深刻理解和尊重，为未来的国际职业生涯做好准备。

四、勤工助学与国际学生的能力提升

同上文所述的勤工助学与学生能力提升指标相对应，国际留学生的能力提升也表现在思维认知能力、实践能力和自我效能感三个方面。只是本研究在这方面的评测因为主题单元不同没有展开，但这为后续的研究提供了测评基础。

（一）三项认知能力

国际学生的思维认知能力表现在：一是自我认知能力提升。在多元文化环境中工作，学生有机会反思自己的文化身份和价值观，增强自我认知、自我反思的能力，从而培养起对人类命运共同体的责任感。二是社会责任感和领导力。勤工助学项目常常涉及社区服务和社会责任，这有助于学生培养社会责任感和领导力，这些品质对于在国际组织和跨国公司中担任领导角色非常重要。

国际学生的实践能力表现在：一是书面和语言表达技能提升。在多元文化的工作环境中，学生可能会被迫使用第二语言交流，这有助于提高他们的语言表达技能，尤其是对于那些希望在国际舞台上工作的学生来说尤为重要。与来自不同国家的学生结成语言学习伙伴，通过互相学习对方的母语，增进对彼此文化的理解和尊重。二是跨文化社交沟通能力。勤工助学常常让学生与来自不同文化背景的人一起工作，这有助于学生培养跨文化沟通和理解的能力，这是全球化世界中不可或缺的技能，也是理解和尊重不同文化的直接方式。三是创新和解决问题的能力。在勤工助学中，学生可能会面临各种挑战和问题，需要运用创新思维和解决问题的能力来应对，这些能力在全球化的工作环境中非常有价值。

国际学生的自我效能感表现在：一是自我管理能力提高。勤工助学要求学生管理自己的时间、选择工作岗位和对自己的行为负责，这种自我管理能力对于在多元文化和多变的国际环境中工作是非常重要的。二是文化适应能力的增强。在多元文化的工作环境中，学生需要适应不同的工作风格、沟通方式和行为规范，因此可学习如何适应新环境和灵活应对变化。适应性和灵活性是全球化职场中的重要素质。三是专业技能的国际化。勤工助学使学生能够将所学专业知识应用于国际环境，有助于理解不同文化对专业实践的影响，从而为将来在全球化职场中的工作做好准备。

总之，勤工助学在国际视野下为学生提供了一个实践平台，使他们能够在真实的多元文化环境中学习和成长，能够在多个国家的实际环境中运用专业知识、技能、理论等，为未来的全球化职业生涯打下坚实的基础。

（二）特别注意国际学生勤工助学和学业关系的平衡

我国国际学生教育已由过去强调数量向重视质量转变。2018年教育部关于《来华留学生高等教育质量规范（试行）》标志着来华留学生教育从粗放型向质量型的提升发展转型。《来华留学生高等教育质量规范（试行）》从来华留学生教育发展理念、培养目标和教育管理的策略推进，强化来华留学生教育的顶层设计，建立健全来华留学生教育质量保障体系，优化来华留学生教育的法治环境的政策保障等方面提出来华留学生高等教育质量规范要求。

国际学生勤工助学虽然有许多好处，如减轻经济压力、提供实践经验、增加社交机会等，但也存在一些潜在的问题，问题主要集中在处理学业和勤工助学工作之间的关系上。一方面，工作对学业存在影响。如果学生工作时间安排不当，可能会影响他们的休息和学习，导致过度劳累和压力增大。学生可能会因为工作而分散注意力，无法充分专注于学业，这可能会影响他们的学习成绩和学术进步；学生可能会发现难以平衡工作和学习的需求，尤其是在考试和学期结束时，工作可能会与学业责任发生冲突。在某些情况下，学生可能缺乏对劳动权益的充分认识，可能不会主动要求签订工作协议或维护自己的合法权益。在没有适当监管的情况下，学生可能会面临工资支付不足或工作条件不佳的风险。另一方面，有些国际学生也有可能忽视学业和学位，对校外勤工助学更感兴趣，还非常愿意从事兼职赚钱工作，甚至不在意是否毕业。随着我国留学生教育事业的发展，尤其是实行“一带一路”国际合作倡议以来，来华留学生人数不断增加，还有些国际学生可能会违反所在学校的管理规定。

为减少这些负面影响，学校和相关机构应确保勤工助学项目有明确的指导原则和监管措施，包括合理的工作时间限制、安全的工作条件以及确保学生能够获得适当的报酬和权益保护。同时，明确勤工助学不等于就业，不能非法就业扰乱就业市场，同时维护和保护留学生的合法权益，防范人身风险，学校对国际学生校外勤工助学负有管理的责任和义务。

在勤工助学项目中平衡学业与工作实践关系是一个重要的议题，因此可采取一些策略平衡学业与勤工助学工作关系。一是时间管理方面，合理规划课程学习、复习、作业和工作时间；合理安排工作时间，限制学生每周的工作时间，确保工作时间不会侵占学习时间；提供灵活的工作时间，如晚上或周末，以减少对正常课程时间的干扰。二是岗位设置和选择方面，工作与学习整合岗位比较重要。应优先考虑与学生专业相关的工作，工作本身可以作为增强学术经验学习的一部分。还可以设计工作实践项目，使其与学生的学术课程相辅相成。三是法律保护方面。学生在勤工助学前通常需要与学校或用人单位签订具有法律效力的协议，明确各方的权利和义务，以及意外伤害事故的处理办法。国际学生的勤工助学还涉及签证和居留许可的特别规定，需要符合特定国家的出入境管理法规。四是国际学生应特别注重文化交流。勤工助学为国际学生提供了了解和体验不同文化的机会，这有助于增进对多元文化的理解和尊重。

总之，通过平衡策略，勤工助学项目可以帮助学生在不牺牲学术成就的前提下，获得宝贵的工作经验和生活技能。发挥勤工助学吸引留学生并帮助其完成学业的作用，同时要强调学校在学生勤工助学方面的管理义务。

主要参考文献

专著与论文

[1][美]阿尔伯特·班杜拉. 社会学习理论[M]. 陈欣银，李伯黍，译. 北京：中国人民大学出版社，2015.

[2][美]罗伯特·F.德威利斯.量表编制：理论与应用[M]. 席仲恩，杜钰，译. 重庆：重庆大学出版社，2016.

[3][美]约翰·杜威. 学校与社会：明日之学校[M]. 赵祥麟，任钟印，吴志宏，译. 北京：人民教育出版社，2005.

[4]郭本禹，姜飞月. 自我效能理论及其应用[M].上海：上海教育出版社，2008.

[5]侯杰泰，温忠麟，成子娟. 结构方程模型及其应用[M]. 北京：教育科学出版社，2004.

[6][美]劳伦斯·纽曼. 社会研究方法：定性和定量的取向：第五版[M]. 郝大海，译. 北京：中国人民大学出版社，2007.

[7]邱皓政，林碧芳. 结构方程模型的原理与应用[M]. 北京：中国轻工业出版社，2009.

[8]商务国际辞书编辑部. 现代汉语词典[M]. 北京：商务印书馆，2014.

[9][英]赫·斯宾塞. 教育论[M].胡毅，译. 北京：人民教育出版社，1962.

[10]王卫东. 结构方程模型原理与应用[M]. 北京：中国人民大学出版社，2010.

[11]王志. 大学生勤工助学指导[M]. 上海：华东师范大学出版社，2008.

[12]吴明隆. 结构方程模型：AMOS 的操作与应用[M]. 重庆：重庆大学出版社，2009.

[13]杨玲丽. 企业共生关系的社会建构：结构方程模型的应用[M]. 上海：上海社会科学院出版社，2014.

[14]易丹辉. 结构方程模型方法与应用[M]. 北京：中国人民大学出版社，2008.

[15]张文彤，董伟. SPSS统计分析高级教程[M]. 北京：高等教育出版社，2004.

[16]赵静. 留法勤工俭学运动[M]. 北京：解放军文艺出版社，2004.

[17]中山大学学生处. 高校学生勤工助学实用指南[M]. 广州：中山大学出版社，2007.

[18]白华. 关于本科学生发展的影响机制研究[D]. 北京：北京师范大学，2013.

[19]陈春莲. 基于认知理论的新时期高校学生事务管理模式研究[D]. 武汉：武汉大学，2013.

[20]范晓婷. 大学生资助管理评估研究[D]. 北京：北京科技大学，2016.

[21]付永伟. 基于访问控制策略库的勤工助学管理系统[D]. 太原：太原理工大学，2012.

[22]隽同强. 学生发展理论下的我国高校学生事务管理[D]. 苏州：苏州大学，2010.

[23]石军. 大学生勤工助学管理理论与实践研究[D]. 长沙：湖南师范大学，2007.

[24]汤明.创业自我效能感与创业意向关系研究[D].长沙：中南大学，2009.

[25]于冠华.中英高校学生事务管理比较研究[D].武汉：武汉大学，2013.

[26]于媛.基于Web的勤工助学管理系统的设计与实现[D].西安：西安工业大学，2014.

[27]曾珍.贵州师范学院勤工助学管理系统研究与分析[D].昆明：云南大学，2015.

[28]张艳萍.高校贫困生勤工助学体系构建研究[D].重庆：西南师范大学，2004.

[29]赵晓阳.基于学生参与理论的高校学生发展及其影响因素研究[D].天津：天津大学，2013.

[30]周甜甜.勤工助学中高校学生职业素质养成的过程研究[D].北京：中国青年政治学院，2020.

[31]朱晓东.高校勤工助学现状与改革研究[D].南昌：江西农业大学，2011.

[32]ASHTON P T，WEBB R B. Making a difference：teachers' sense of efficacy and student achievement[M]. London：Longman Publishing Group，1986.

[33]BANDURA A. Self-efficacy：the exercise of control[M]. New York：W.H. Freeman，1997.

[34]BOWEN H R. Investment in learning[M]. San Francisco：Jossey-Bass Publishers，1977.

[35]BRONFENBRENNER U. The ecology of human development[M]. Cambridge：Harvard University Press，1979.

[36]BRONFENBRENNER U. Ecological systems theory[M]. London：Jessica Kingsley Publishers，1992.

[37]BYRNE B M. Structural equation modeling with EQS and EQS/Windows：basic concepts，applications，and programming[M]. Los Angeles：Sage Publications，Inc，1994.

[38]CHICKERING A W，REISSER L. Education and identity：the Jossey–Bass higher and adult education series[M].San Francisco：Jossey–Bass Publishers，1993.

[39]EVANS N J，FORNEY D S，GUIDO F M，et al. Student development in college：theory，research，and practice[M]. Hoboken：John Wiley & Sons，Inc. 2009.

[40]GOODMAN J，SCHLOSSBERG N K，ANDERSON M L. Counseling adults in transition：linking practice with theory[M].New York：Springer Publishing Co，2006.

[41]KEGAN R. The evolving self [M]. Cambridge（Mass）：Harvard University Press，1982.

[42]KELLOGG K. Collaboration：student affairs and academic affairs working together to promote student learning[M]. Washington，DC：ERIC Clearinghouse on Higher Education，1999.

[43]KNEFELKAMP L，PARKER C A，WIDICK C. Applying new developmental findings[M]. San Francisco：Jossey–Bass Publishers，1978.

[44]MITCHELL JR D，SORIA K M，DANIELE E A，et al. Student involvement and academic outcomes[M]. New York：Lang Group AG，2015.

[45]MONTGOMERY D C，PECK E A，VINING G G. Introduction to linear regression analysis[M]. Hoboken：John Wiley & Sons，2012.

[46]NEAVE G R. The encyclopedia of higher education（volume2）[M] Oxford：Pergamon Press Ltd. 1992.

[47]SANFORD N. Where colleges fail：a study of the student as a person[M]. San Francisco：Jossey–Bass Publishers，1967.

[48]SCHUNK D H. Self-regulation of learning and performance: issues and educational applications[M]. New York: Routledge, 1994.

[49]EVANS N J, FORNEY D S, GUIDO F M, et al. Student development in college: theory, research, and practice[M]. Hoboken: John Wiley & Sons, 2009.

期刊

[1]蔡国春.美国高校学生事务管理专业化的发展及其特征[J].扬州大学学报（高教研究版），2002（1）：73–76.

[2]蔡乐，周迪.高职院校勤工助学现状调研与思考：以北京农业职业学院为例[J].北京农业职业学院学报，2023，37（4）：82–88.

[3]岑逾豪. 大学生成长的金字塔模型：基于实证研究的本土学生发展理论[J]. 高等教育研究，2016（10）：74–80.

[4]陈道华. 论新时期大学生勤工助学活动的发展路径[J]. 高教探索，2005（4）：92–94.

[5]陈峰. 高校大学生择业的自我效能与集体效能研究[J]. 社会科学论坛，2014（11）：201–209.

[6]陈若乒. 我国高校图书馆勤工助学研究现状与发展趋势[J]. 图书馆建设，2011（12）：86–89.

[7]陈巍巍. 高校勤工助学现状与对策研究[J]. 上海工程技术大学教育研究，2010（1）：58–61.

[8]陈月霄. 关于完善大学生勤工助学维权体系的探讨[J]. 福建农林大学学报（哲学社会科学版），2005，8（4）：60–63.

[9]陈月文. 当前高校勤工助学活动的现状与对策[J]. 中山大学学报论丛，2004，24（2）：303–307.

[10]丁媛媛，刘巧玲. 勤工助学体系完善与育人功能发挥的思考[J]. 教

育与职业，2012（36）：178–179.

[11]端木怡雯，裘晓兰.日本的学生事务管理与中国学生工作的比较[J].中国德育，2010（10）：71–75.

[12]段鹏莉，边凡笑，李荣晖.关于高校图书馆勤工助学工作的调查研究：基于对山西省部分高校学生的问卷与访谈[J].中北大学学报（社会科学版），2024，40（1）：135–140.

[13]郝菲菲.高校勤工助学的发展及功能研究[J].教育理论与实践，2012，32（33）：12–14.

[14]何东涛，王永跃，葛列众.学生自我效能发展影响因素研究[J].教育发展研究，2003（5）：162–165.

[15]核心素养研究课题组.中国学生发展核心素养[J].中国教育学刊，2016（10）：1–3.

[16]胡弼成.学生发展：个体教育经济学的基本范畴[J].教育研究，2005（5）：15–20.

[17]黄莺.试论勤工助学在高校育人环节中的重要作用[J].东南大学学报（哲学社会科学版），2010（S1）：195–197.

[18]黄映芳，唐丽珍，王幼芳.加强勤工助学完善贫困生资助体系[J].中国成人教育，2003（7）：48–48.

[19]姜继红.大学生勤工助学的社会学思考[J].广西青年干部学院学报，2003，13（1）：25–27.

[20]姜旭萍，肖迪明，程勋.勤工助学在大学生资助体系中的作用[J].当代经济，2009（5）：114–115.

[21]李国章，赵一鹏，黄东.论勤工助学在高校中的育人功能[J].教育与职业，2007（11）：180–181.

[22]李靖茂，符志刚，邱伟青.高校勤工助学育人模式探讨[J].南方论刊，2005（4）：60–61.

[23]李晓东，张炳松.成就动机与自我调控学习[J].教育研究，1998

（8）：62–66.

[24]李雪，孙绵涛.学生发展核心素养探究：兼与《中国学生发展核心素养》商榷[J].上海师范大学学报（哲学社会科学版），2017，46（6）：78–84.

[25]梁克可.高校图书馆勤工助学工作的实践与探索[J].高等工程教育研究，2006（1）：49–52.

[26]廖述平，张丽红.基于学生发展的高校资助绩效评价研究[J].高教探索，2016（4）：20–25，53.

[27]刘冰.以勤工助学为载体的大学生劳动教育探析[J].中国多媒体与网络教学学报（上旬刊），2021（6）：131–133.

[28]刘立霞，向珍，钟石根，等.一种基于“四合”理念的勤工助学系统设计[J].中国科技信息，2022（8）：86–89.

[29]刘时方，陆伟家，周翠林.高校勤工助学的历史回顾和启示[J].南通工学院学报，1998，14（4）：59–62.

[30]刘信洪.大学生对国家资助政策态度的调查分析[J].高教探索，2016（12）：106–110.

[31]罗开春.当前高校勤工助学的困境及对策研究：以西华大学勤工助学现状为例[J].高等教育研究，2009，26（4）：68–70.

[32]罗建国.勤工助学的历史考察及现状分析[J].湖南师范大学教育科学学报，2003，2（2）：15–17.

[33]罗燕，海蒂·罗斯，岑逾豪.国际比较视野中的高等教育测量——NSSE–China工具的开发：文化适应与信度、效度报告[J].复旦教育论坛，2009，7（5）：12–18.

[34]牛京平.浅谈勤工助学的育人功能[J].教育发展研究，2002（3）：77–78.

[35]潘懋元.高等学校勤工俭学的原则与问题[J].学术论坛，1958，2（5）：5.

[36]丘莉莉．高校图书馆勤工助学的实践与思考[J]．图书馆，2009（3）：121–122.

[37]屈娜．发展性资助视角下高校勤工助学运行机制研究：基于首都11所高校的调查[J]．北京教育（高教），2019（11）：27–30.

[38]曲绍卫，范晓婷，曲垠姣．高校大学生资助管理绩效评估研究：基于中央直属120所高校的实证分析[J].教育研究，2015，36（8）：42–48.

[39]克里斯汀・仁，李康.学生发展理论在学生事务管理中的应用：美国学生发展理论简介[J].高等教育研究，2008（3）：19–27.

[40]沈延兵，江华，金健美，等．基于 Internet/Intranet 的高校学生勤工助学管理系统的实现[J]．教育信息化，2004（6）：25–27.

[41]宋冰．勤工助学育人功能分析及新路径[J]．当代青年研究，2010（6）：31–34.

[42]宋华斌．勤工助学管理系统的设计与实现[J]．科技资讯，2011（6）：226–226.

[43]徐清才，赵小芳．掌握研究生特点 完善研究生勤工助学体系[J]．前沿，2005（10）：189–190.

[44]孙汭睿，丁小浩.大学生课外参与投入的适度性研究[J].大学教育科学，2010（6）：53–61.

[45]温彭年，贾国英.建构主义理论与教学改革：建构主义学习理论综述[J].教育理论与实践，2002（5）：17–22.

[46]温忠麟，侯杰泰，马什赫伯特，等．结构方程模型检验：拟合指数与卡方准则[J]．心理学报，2004，36（2）：186–194.

[47]向辉，曲莎莎.挖掘育人内涵促进高校资助体系成熟化：以清华大学学生资助工作为例[J].思想教育研究，2011（12）：46–49.

[48]肖雯，李林英.大学生心理资本问卷的初步编制[J].中国临床心理学杂志，2010，18（6）：691–694.

[49]徐英，李天悦.发展型资助：新时代高校学生资助发展的新维度[J].教育评论，2018（2）：23–27.

[50]薛浩.高校勤工助学工作的育人功能[J].江苏高教，2004（2）：113–114.

[51]王沛，康廷虎.建构主义学习理论述评[J].教师教育研究，2004，16（5）：17–21.

[52]王为.论新时期大学生勤工助学管理机制建设[J].科技创业月刊，2006，19（4）：118–119.

[53]王文静.情境认知与学习理论：对建构主义的发展[J].全球教育展望，2005，34（4）：33，56–59.

[54]伍玉伟.自我效能理论视阈的高校图书馆用户教育研究[J].图书情报工作，2012，56（1）：64–67.

[55]杨钋，范皑皑，管蕾."转折"：二年级学生发展的主题词——基于北京高校学生发展调查数据的实证分析[J].清华大学教育研究，2013，34（3）：108–117.

[56]杨钋，毛丹."适应"大学新生发展的关键词：基于首都高校学生发展调查的实证分析[J].中国高教研究，2013（3）：16–24.

[57]曾汶婷.基于角色认同的高校勤工助学学生助理发展路径研究[J].高等教育研究学报，2022，45（4）：32–37.

[58]张传燧.基于学生发展核心素养培育的"四生课堂"建构研究[J].陕西师范大学学报（哲学社会科学版），2017，46（5）：146–157.

[59]张军.高校图书馆勤工助学管理工作探究[J].高校图书馆工作，2010（4）：93–94.

[60]张倩，岳昌君.高等教育质量评价与学生满意度[J].中国高教研究，2009（11）：40–43.

[61]张晓艳.中外高校学生事务管理内容的比较分析与启示：以中美英三国为例[J].教育教学论坛，2014（15）：1–2.

[62]张雪峰. 健全大学生勤工助学体系强化高校勤工助学育人功能[J]. 商业经济，2011(24)：78–80.

[63]张亚军. 对勤工助学学生参与图书馆管理的思考[J]. 图书馆论坛，2005，25（2）：153–154.

[64]周海蓉. 高校勤工助学应从体力型转向智力型[J]. 西南农业大学学报（社会科学版），2006(1)：199–201.

[65]周丽. 有关高校勤工助学管理工作中若干问题探究[J].教育教学论坛，2021，(46)：53–56.

[66]周廷勇，周作宇.高校学生发展影响因素的探索性研究[J].复旦教育论坛，2012，10（3）：48–55，86.

[67]朱红.高校学生参与度及其成长的影响机制：十年首都大学生发展数据分析[J].清华大学教育研究，2010，31（6）：35–43，63.

[68]朱红.高校人才培养质量评估新范式：学生发展理论的视角[J].国家教育行政学院学报，2010（9）：50–54.

[69]朱红，李雪凝.我国高校学生工作与学生发展的关联性：实证研究发现了什么[J].高等教育研究，2011，32（8）：79–85.

[70]钟志贤.建构主义学习理论与教学设计[J].电化教育研究，2006（5）：10–16.

[71]庄玫，刘春红. 图书馆的特殊“馆员”：试论清华大学图书馆勤工助学工作[J]. 高校图书馆工作，2009(5)：88–90.

[72]李义波. 新时代高校发展型资助育人工作体系探析[J].学校党建与思想教育，2019（4）：68–71.

[73]ANDERSON J C，GERBING D W. Structural equation modeling in practice：a review and recommended two–step approach[J]. Psychological bulletin，1988，103（3）：411.

[74]ASTIN A W. Student involvement：a developmental theory for higher education[J]. Journal of college student personnel，1984，25（4）：297–308.

[75]BANDURA A. Self-efficacy: toward a unifying theory of behavioral change[J]. Psychological review, 1977, 84 (2): 191.

[76]BANDURA A. The explanatory and predictive scope of self-efficacy theory[J]. Journal of social and clinical psychology, 1986, 4 (3): 359-373.

[77]BENTLER P M, BONETT D G. Significance tests and goodness of fit in the analysis of covariance structures[J]. Psychological bulletin, 1980, 88 (3): 588.

[78]BENTLER P M. Comparative fit indexes in structural models[J]. Psychological bulletin, 1990, 107 (2): 238.

[79]CAMPBELL D T, FISKE D W. Convergent and discriminant validation by the multitrait-multimethod matrix[J]. Psychological bulletin, 1959, 56 (2): 81.

[80]CAMPBELL D T. Recommendations for APA test standards regarding construct, trait, or discriminant validity[J]. American Psychologist, 1960. 15 (8): 546.

[81]COOK C, HEATH F, THOMPSON R L. A meta-analysis of response rates in web-or internet-based surveys[J]. Educational and psychological measurement, 2000, 60 (6): 821-836.

[82]FORNELL C, LARCKER D F. Evaluating structural equation models with unobservable variables and measurement error[J]. Journal of marketing research, 1981, 18 (1): 39-50.

[83]HACKETT G, BETZ N E. A self-efficacy approach to the career development of women[J]. Journal of vocational behavior, 1981, 18 (3): 326-339.

[84]HEISELT A K, BERGERSON A A. Will work for a college education: an analysis of the role employment plays in the experiences of first-

year college students[J]. Higher education in review, 2007（4）: 83–106.

[85]HUGHES K, MYLONAS A, BENCKENDORFF P. Students' reflections on industry placement: comparing four undergraduate work-integrated learning streams[J]. Asia-Pacific journal of cooperative education, 2013, 14（4）: 265–279.

[86]JACKSON D. Employability skill development in work-integrated learning: barriers and best practice[J]. Studies in higher education, 2015, 40（2）, 350–367.

[87]KING P M. William Perry's theory of intellectual and ethical development[J]. New directions for student services, 1978（4）: 35–51.

[88]PASCARELLA E T. College environmental influences on learning and cognitive development: a critical review and synthesis[J]. Higher education: handbook of theory and research, 1985, 1（1）: 1–61.

[89]STAJKOVIC A D, LUTHANS F. Social cognitive theory and self-efficacy: going beyond traditional motivational and behavioral approaches[J]. Organizational dynamics, 1998, 26（4）: 62–75.

[90]STEIGER J H. Structural model evaluation and modification: an interval estimation approach[J]. Multivariate behavioral research, 1990, 25（2）: 173–180.

[91]TUCKER L R, LEWIS C. A reliability coefficient for maximum likelihood factor analysis[J]. Psychometrika, 1973, 38（1）: 1–10.

[92]Wilson M E. The handbook of student affairs administration[J]. Journal of college student development, 2010, 51（3）: 356–358.

[93]ZACHERMAN A, FOUBERT J. The relationship between engagement in cocurricular activities and academic performance: exploring gender differences[J]. Journal of student affairs research and practice, 2014, 51（2）: 157–169.

附录

附录A　勤工助学对学生发展影响的问卷调查

亲爱的同学：

您好！

为深入了解高校勤工助学对大学生发展的影响，特组织此次问卷调查，此调查采取不记名方式，问题没有标准答案。您的回答将成为本研究的重要依据，所提供的数据仅限于学术研究。衷心感谢您的支持和帮助！

课题研究组

年　月　日

第一部分。勤工助学的环境因素。以下问题反映了高校勤工助学的整体环境，请您根据实际体验作答，其中5分表示“非常好”或“非常多”，1分表示“非常差”或“非常少”。

项目	非常差 …… 非常好
Q1. 勤工助学的规章制度	1 2 3 4 5
Q2. 勤工助学申请途径的清晰度	1 2 3 4 5

续表

项目	非常差 …… 非常好
Q3. 具体工作职责及内容的清晰度	1 2 3 4 5
Q4. 获得劳动报酬的清晰度	1 2 3 4 5
Q5. 学校整体提供的生活条件	1 2 3 4 5
Q6. 工作中使用校园网的方便程度	1 2 3 4 5
Q7. 图书馆资源的丰富和便利程度	1 2 3 4 5
Q8. 勤工助学可用的物资设备	1 2 3 4 5
Q9. 与行政人员之间的互动	1 2 3 4 5
Q10. 直接上司在勤工助学中给予的指导	1 2 3 4 5
Q11. 与同学之间的互动	1 2 3 4 5
Q12. 通过勤工助学认识的新同学	1 2 3 4 5

第二部分。勤工助学本身的评价。以下问题反映了学校勤工助学的实现程度，请您根据实际体验作答，其中5分表示发生的次数“非常多”，1分表示“非常少”。

项目	非常少 …… 非常多
Q13. 投入勤工助学中的时间	1 2 3 4 5
Q14. 通过勤工助学获得的报酬	1 2 3 4 5
Q15. 改善学习和生活条件的程度	1 2 3 4 5
Q16. 勤工助学与学业的关联程度	1 2 3 4 5
Q17. 勤工助学中受到的培训和指导	1 2 3 4 5
Q18. 对学业进步程度的正面影响	1 2 3 4 5
Q19. 对获得奖学金的影响	1 2 3 4 5
Q20. 对未来职业选择的影响	1 2 3 4 5

第三部分。勤工助学中人的因素。以下问题反映了勤工助学中自我调节的过程，请您根据实际体验作答，其中5分表示发生的频率“非常高”，

1分表示“非常低”。

项目	非常低……非常高
Q21. 主动强化自己的行为以符合岗位期待	1 2 3 4 5
Q22. 学习他人好的工作方法和优点	1 2 3 4 5
Q23. 正确面对工作中的批评和表扬	1 2 3 4 5
Q24. 根据反馈调整自己的工作状态并持续	1 2 3 4 5
Q25. 对自我有正确的认识	1 2 3 4 5

第四部分。学生的发展和收获。以下问题反映了参加勤工助学的学生获得的成长和收获，请您根据实际体验作答，其中5分表示“提升很大”，1分表示“提升很小”。

项目	提升很小……提升很大
Q26. 分析与解决实际问题的能力	1 2 3 4 5
Q27. 劳动意识的培养	1 2 3 4 5
Q28. 责任感的培养	1 2 3 4 5
Q29. 价值观和奋斗精神	1 2 3 4 5
Q30. 书面表达能力	1 2 3 4 5
Q31. 团队合作的意识和能力	1 2 3 4 5
Q32. 拓展社交网络的能力	1 2 3 4 5
Q33. 面对新挑战或压力的能力	1 2 3 4 5
Q34. 养成习惯和自我管理	1 2 3 4 5
Q35. 刻意锻炼和完善性格	1 2 3 4 5
Q36. 有信心完成自己设定的目标	1 2 3 4 5
Q37. 对工作和生活的积极态度	1 2 3 4 5

第五部分。背景信息。以下为单选题，请根据自己的实际情况作答，

所得数据只用于数据分析，任何情况下我们都不会泄漏您的信息。

Q38. 您的性别：1. 男　　2. 女

Q39. 您的学校名称：______________

Q40. 您的专业：1. 理科类　2. 工科类　3. 文科类

4. 经管类　5. 语言类　6. 艺术类

Q41. 申请勤工助学当年，您的家庭人均月收入约为：

1. ≤2000 2. 2001—3000 3. 3001—4000 4. 4001—5000 5. ≥5001

Q42. 勤工助学岗位的月均工作量：

1. ≤10小时 2. 11—20小时 3. 21—30小时 4. 31—40小时 5. ≥41小时

Q43. 您申请勤工助学的原因是（可多选）：

1. 减轻家庭经济负担　　2. 锻炼能力　　3. 自力更生，赚取生活费

4. 获得志愿者服务工时　5. 好奇心，试试看　6. 其他，请注明______

Q44. 您认为参加勤工助学对您有什么影响？

____

____

请自愿留下您的联系方式：

E-mail：__________________ 手机号码：__________________

再次感谢您的大力支持和配合！

附录B　学生访谈记录

访谈时间：	地点：
访谈内容：参加勤工助学对你自己和生活的改变	形式：同样问题的一对一同学访谈

A参加勤工助学，你觉得自己哪些方面改变了？
回答：
B有什么收获吗？
回答：
C为什么参加？
回答：

附录C　勤工助学工作部主任访谈提纲

访谈时间：	地点：勤工助学办公室
访谈内容：勤工助学工作的开展情况和对学生的影响	形式：一对一访谈

A（调查者）：老师，您专门负责勤工助学工作这么多年了，咱们学校这项工作的开展情况您能简单介绍一下吗？
回答：
B（调查者）：勤工助学主要是针对家庭经济困难的同学，还是所有的同学都能申请呢？
C（调查者）：同学们的反馈怎么样呢？从您的角度了解，大家获得的收获大吗？
D（调查者）：一般学生反馈的收获体现在哪些具体的方面呢？
E（调查者）：感谢您今天特意抽出时间。

附录D　勤工俭学与学生能力发展模型图

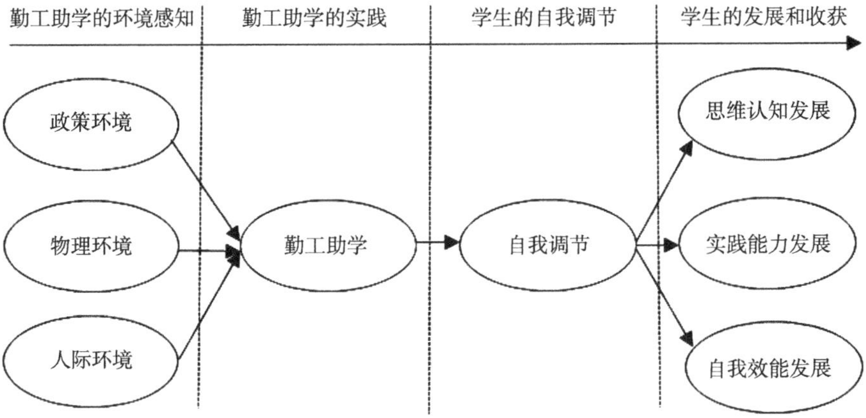

附录E　勤工助学的环境感知量表

维度	观察问项	观察问项理论来源
政策环境	勤工助学的规章制度	Alexander W. Astin（1984）； Pascarella（1985）； Urie Bronfenbrenner（1979）
	勤工助学申请途径的清晰度	
	勤工助学的工作氛围	
	具体工作职责及内容的清晰度	
	获得劳动报酬的清晰度	

续表

维度	观察问项	观察问项理论来源
物理环境	学校整体提供的生活条件	Nevitt Sanford（1962；1967）；Albert Bandura（1979）
	工作中使用校园网的方便程度	
	图书馆资源的丰富和便利程度	
	勤工助学岗位的工作环境	
	勤工助学可用的物资设备	
人际环境	教师在勤工助学中给予的指导	Albert Bandura（1979）；Chickering（1993）；朱红、李雪凝（2011）
	与行政人员之间的互动	
	直接上司在勤工助学中给予的指导	
	与同学之间的互动	
	通过勤工助学认识的新同学	

附录F　勤工助学的实践量表

维度	观察问项	观察问项理论来源
勤工助学实践	投入勤工助学中的时间	Alexander W. Astin（1984）《高等学校勤工助学管理办法（2018年修订）》(教财〔2018〕12号)
	通过勤工助学获得的报酬	
	改善学习和生活条件的程度	
	勤工助学与学业的关联程度	
	勤工助学中受到的培训和指导	

附录G　学生的自我调节量表

维度	观察问项	观察问项理论来源
学生的自我调节	主动强化自己的行为以符合岗位期待	Albert Bandura（1979）；K. J. Gergen（1991）；Vygotsky（1996）；Schlossberg（2006）
	学习他人好的工作方法和优点	
	正确面对工作中的批评和表扬	
	根据反馈调整自己的工作状态并持续	
	对自我有正确认识	

附录H　学生的发展与收获量表

维度	观察问项	观察问项理论来源
思维认知发展	分析与解决问题的能力	Pascarella（1985）；Kamii（1996）；Cobb（1999）；Schlossberg（2006）；朱红、李雪凝（2011）；廖述平、张丽红（2016）
	劳动意识的培养	
	责任感的培养	
	价值观和奋斗精神	
实践能力发展	书面表达能力	Kub（1995）；Dugan（2006）；Soria，Nobb& Fink（2013）；牛京平（2002）；杨钋、范皑皑、管蕾（2013）
	团队合作的意识和能力	
	拓展社交网络的能力	
	面对新挑战或压力的能力	

续表

维度	观察问项	观察问项理论来源
自我效能发展	养成习惯和自我管理	Alert Bandura（1992）；Schunk（1994）；肖雯、李林英（2010）
	刻意锻炼和完善性格	
	有信心完成自己设定的目标	
	对工作和生活的积极态度	

附录I　勤工助学对学生发展影响结构方程模型

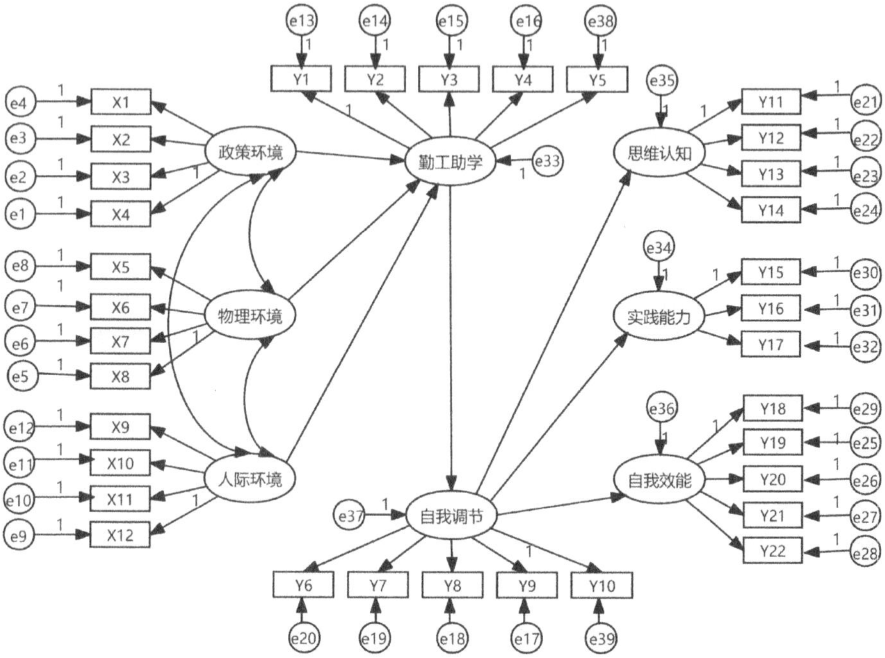

后 记

决定出版这项研究成果是我们两位作者不谋而合的想法。我们决定把这本书作为彼此合作的一个纪念。我们的合作开始于师生关系，但在长达十多年的相识岁月里，长辈与晚辈间确是形成了亦师亦友、似伙伴、似母女的关系。记不得我们进行过多少次讨论，只记得我们的观点、认识、思想和学术情感都凝聚在字里行间，我们的合作是学术上的深度交融，创作上的默契配合，情感上的认同共鸣。

创新性是本研究最重视的内容。我们发现，“实践出真知”的育人功能对参与者具有正向影响。但是，关于勤工助学促进学生发展的研究一直未被重视，对勤工助学这一资助政策的质量评价，更鲜有研究涉及。即便在国家发展型资助政策导向下，这方面的研究仍然是一片空白，我们需要开创这一领域，为后续的研究树立一个榜样。在了解我国高等教育现状，并把握国家政策走向的基础上我们确定了研究主题。大家都知道，创新性其实和研究难度是紧密相关的，由于研究勤工助学与学生发展能力的前期基础比较薄弱，可掌握的数据资料非常少，可参考的文献资料也非常有限，因此，我们不得不进行了探索性的研究。研究认为，学生才是资助政策的最终指向，是研究资助政策质量评价的关键，所以，我们放弃了对高校资助政策的评价研究通常采用的高校的声誉类指标，依据研究评价取向，采取了“反馈性结果”评价指标，这拓展和充实了我国高等教育学理论的内容。与之相对应，在研究方法上，对勤工助学研究对象进行了多维度、多方式的分析，采用多群组结构方程模型的分析应用具有科学性，为后续研究提供了可以遵循的具体分析方法。研究结果对于大学生参与包括勤工助学在内的多种社会实践，有一定的指导价值。有关改进建议及其对“勤工促学”发展趋势的判定，为有关部门制定或完善大学生发展型资助政策，促进勤工助学的提质改造作出了一定贡献。

从问题讨论到论题深入研究再到今日内容拓展和著作修订，我们都要致以感谢。感谢所有研究文献的著述者，这些研究与我们形成了无声的对话，为本研究提供了参考，推动我们进行更深层次的勤工助学前沿问题研究，为取得创新性成果奠定了基础，所有的参考文献大都列于著作之后。

在研究中，数据的收集是一个特别让人头疼的问题，感谢北京科技大学勤工助学工作中心的负责人王金蕊主任，她在问卷调查和访谈方面提供了有力度的支持，她的工作能力和态度令人敬佩，同时，也感谢孙翎童老师对资料收集的帮助，没有这些踏实的数据搜集，巧妇也是难为无米之炊的。感谢本书编辑的辛勤工作，感谢中央民族大学出版社对于本书出版的大力支持。还要感谢很多对本研究给予支持和帮助的人们，在此虽不能一一列举，但我们将铭记于心。

时立荣　王安岩

2024年12月16日